編訳／張麗花・高明

中国雲南省少数民族民話選

木霊《こだま》の精になったアシマ

冨山房インターナショナル

編訳／張麗花・高　明

中国雲南省少数民族民話選

木霊《こだま》の精になったアシマ

雲南省

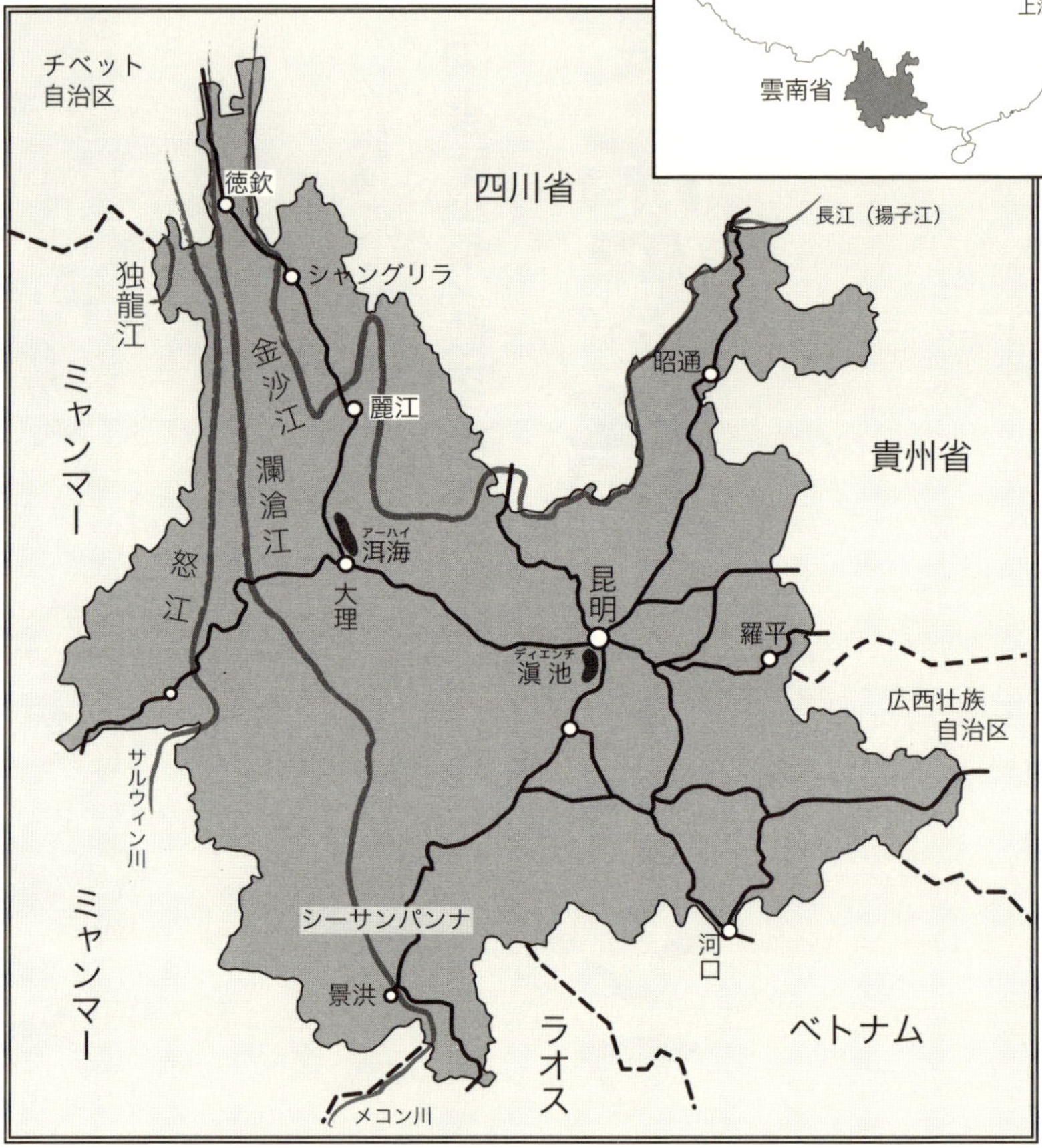

雲南省は中国の南部に位置し、ベトナム、ラオス、ミャンマーと国境を接する。面積は約 39 万 k㎡（その 90％強が山岳地帯）。海抜は平均 2500m。人口約 5 千万人。北部は亜熱帯、南部は熱帯に属する。省都・昆明市は海抜 1890m に位置する。北西部にチベット山地を源流とする３つの大河が流れ（世界自然遺産「三江併流地区」）、金沙江は四川省に入り「長江」と名を変え、瀾滄江はラオスに入り「メコン川」、怒江はミャンマーに入り「サルウィン川」と名を変える。

雲南省について

雲南省は、昔から「七彩雲南《しちさいうんなん》（七色の雲の南）」と呼ばれ、温暖な気候と色彩豊かな大地、多彩な文化を持つ少数民族の多さで知られています。省都昆明《クンミン》市は夏涼しく冬温かい気候から「春城《しゅんじょう》（常春の街）」とも呼ばれています。豊かな歴史文化と自然景観の美しさが評価されて、石林《シーリン》、麗江《リージャン》古城、三江併流地区がユネスコ世界遺産に登録されています。かつてはチベットとの交易路「茶馬古道《ちゃばこどう》」で繁栄し、近年は天然資源開発やインドシナ半島との経済拠点として開発が進んでいます。

雲南省の主産業は農業です。東南部の文山《ウェンシャン》地方の「三七人参《さんしちにんじん》」は漢方薬として日本にも輸入されています。南部のシーサンパンナは熱帯雨林に属し、「プーアル茶」で知られる茶栽培が盛んです。またバナナやマンゴーなどの果実類が一年を通して栽培され、近年はコーヒー栽培が盛んです。北西部の高山地域では、標高の違いによって稲、蕎麦《そば》、トウモロコシなどが栽培されています。この他、雲南全土で松茸をはじめ、数百種類の食用可能なキノコ類が獲れ、「キノコ天国」とも言われています。

雲南の食文化の代表は、米を原料とする麺料理の「米線《ミシエン》」です。雲南人は日に一度は食べるほどの大衆食です。その豪華版が「過橋米線《グオチャオミシエン》」で、その誕生には内助の功の逸話があります。秋冬には「野生菌（キノコ）鍋」が定番です。味覚は、「辣《ラ》（辛い）」を好む民族もあれば、「酸辣《サンラ》（酸っぱ辛い）」を好む民族もあります。雲南料理は概して四川料理ほどは辛くありません。

少数民族の人々は春節（旧正月）や国慶節（建国記念日）などの全国的な祝祭以外に、タイ族の「撥水節《ポースイジェ》（水かけ祭り）」やイ族の「火把節《ホアバジェ》（松明《たいまつ》祭り）」のように、民族特有の祝祭を持っています。祭りの日には各家庭で祝いの料理を準備し、広場では華麗な民族衣裳を身につけた男女が歌い踊ります。日常生活の現代化画一化が進む中で、祭りを通して民族の歴史や文化を伝承しています。

雲南省の少数民族について

中国は最大の人口を有する漢民族のほかに、55の少数民族が共存する多民族国家です。雲南省には55の少数民族のうちの25民族が居住し、25の少数民族のうち、雲南省にだけ居住する少数民族は15民族といわれています。少数民族はそれぞれに独自の言語、生活習慣、歴史、芸術・芸能を有しています。各民族の違いを端的に表すのは民族衣裳です。近年は普段着として目にする機会は少なくなりましたが、冠婚祝祭などでその華麗な姿を見ることができます。本書で取り上げた民族は次ぎのとおりです。

（人口は二〇一〇年国勢調査による）

アチャン族

先祖は北西部の金沙江《ジンサンジャン》、瀾滄江《ランサンジャン》、怒江《ヌージャン》流域にいたが、現在は主に西南部の徳宏《ダーホン》タイ族チンポー族自治州に多く住む。人口は約三・八万人。文字はなくアチャン族語を話す。「阿昌刀《あちゃんとう》」と呼ばれる刀剣はよく知られている。

イ族

中部に最も多くが居住。人口は約五百万人。言語はイ族語。火葬、鳥葬、土葬の文化がある。イ族を代表する「火把節《ホアバジェ》（松明祭）」は、着飾った若い男女が松明を掲げて集い、夜どうし歌い踊る世界最大の集団見合いの場として、ギネスブックに登録されている。

いる。

ジノー族

　中国で最も最近に少数民族として確認された民族。人口は約二・三万人。言語はジノー族語。ほとんどがシーサンパンナのジノー山周辺に住み、茶栽培、放牧を主な産業とする。

ジンポー族

　日本語ではチンポー族とも呼ばれ、主に西南部の徳宏タイ族ジンポー族自治州の山間部に居住。人口は約一四・三万人。言語はジンポー族語。女性は銀の鎖や鈴の首輪を付け、長い筒状の銀のイヤリングを身につけている。

タイ族

　主にシーサンパンナ・タイ族自治州と徳宏タイ族ジンポー族自治州に居住。人口は約一二二万人。言語はタイ族語。タイ族独自の暦や長編叙事詩などを有し、民族独特の音楽・舞踊・民謡など優れた民族文化は、周辺民族にも広く影響を与えたといわれている。

トールン族

　主に西北部の怒江独龍《トールン》族自治州、貢山《ゴンサン》独龍《ツールン》族怒《ヌー》族自治県の独龍江《トールンジャン》流域の渓谷地帯に居住。人口は約六・四千人。狩猟と採集、焼き畑農業を主な生活手段とする父系家族。かつては女性の顔面に入れ墨をする「紋面」の風習があったが、現在ではごく少数の高齢者に残っている。

ドアン族

　主に西部のワ族ジンポー族自治州に居住。人口は約二万人。言語はドアン族語。ドアンとは「切り立った崖」という意味。古来、濃茶をのむ習慣があり茶栽培に長け、竹や茅のカゴ製品、銀細工は伝統工芸として有名。龍神信仰を持ち、春先に龍を祀る儀式を行う。

ナシ族

主に北西部の麗江《リージャン》ナシ族自治県とその周辺区域に居住。人口は約三一万人。かつてチベットの馬と雲南のお茶を交換した「茶馬交易」で栄えた。通い婚や女系家族主義などナシ族独自の東巴《トンパ》文化を持ち、東巴文字（象形文字）は現在も使われている。

ヌー族

主に怒江リス族自治州に居住。人口は三・二万人。言語はヌー族語。ヌー族の人々は、かつては万物に霊魂があるとする原始宗教を信仰していたが、十九世紀末からキリスト教が広まり信者が多い。

ハニ族

主に南西部の瀾滄江《リンサンジャン》と紅河《ホンヘ》の中間地帯、哀牢山《アイラオ》岳地帯の元江《イエンジャン》、墨江《モージャン》、河口《ハーコウ》などに居住。人口は約一六三万。言語はハニ族語。老若男女ともに歌と踊りを非常に好み、男性は三弦や四弦、女性は「巴烏《バウ》」と呼ばれる笛を演奏する。古来、火を家庭の命と考え、囲炉裏の種火を絶やすことなく保ち続けている。

プーラン族

主に南部、シーサンパンナ・タイ族自治州に居住。人口は約一一・六万人。言語はプーラン族語。母系氏族社会の伝統が残っており、母子連名制が行われている。茶の栽培に長け、「プーアル茶」は日本でも知られている。結婚後三年間は夫が妻の家に通う「通い婚」の風習が現在も残っている。

プミ族

主に北西部の怒江リス族自治州の一部に居住。人口は約四・二万人。言語はプミ族語。プミとは「白人」の意味。農業と羊の牧畜業が盛んで、羊の乳でつくった酥油《スーヨー》（バター）や乳餅《ルービン》（バタークッキー）などの乳製品を多く好み、お茶にもこのバターを入れる。十三歳に達すると成人の儀式を行う。

ペー族

主に西北部の大理《ダーリ》ペー族自治州に居住。人口は約一五六万人。言語はペー族語。新石器時代から研磨石器を使い、農業、牧畜業、漁業、狩猟にたずさわり、二千年余り前から金属の道具を使い始め、農業、牧畜業を発展させた。

ラフ族

主に西南部の瀾滄《ランサン》県と孟連《マンレン》県及びミャンマー国境付近の山岳地帯やミャンマー、タイなどにも居住。人口は約四七・五万人。言語はラフ族語。ラフとは火で虎（ラ）の肉を焼く（フ）という意味。山岳民族として有名で、狩猟採集民族としての文化を色濃く残している。

リス族

主に北部山岳地帯の怒江リス族自治州を中心に、西部の自治州・県に多く居住。人口は約六六・八万人。言語はリス族語。怒江地域だけでも一〇種類の氏族の呼称があり、それぞれ崇拝するトーテムがある。女性が穿く白いヒダの多い、長いスカートは「百花裙《バイホアクン》」と呼ばれる。

ワ族

主にミャンマー国境に近い西盟《シーミン》、滄源《サンイエン》、孟連の三県と周辺の山間部に集中して住んでいる。人口は約四〇・一万人。言語はワ族語。ワとは「山の中で暮らすもの」という意味。ワ族の人たちは万物に魂があるとする原始自然宗教を信仰し、檳榔《びんろう》の実を噛み、歯を黒く染める風習がある。

※雲南省にはこのほかに、ミャオ族、チベット族、スイ族、チワン族、プイ族、ヤオ族、回族、満州族、モンゴル族がいます。

もくじ

イラストレーション

雲南少数民族文化アトリエ

劉秋夢／盧綉啸／黄子孟／賀奕雯

中国雲南省少数民族民話選

木霊《こだま》の精になったアーシマ

アチャン族の民話

大地はなぜ揺れる

大昔、①ゼミマは広い大地をつくった。だが、それはどこにも寄る辺がなく、まるで果てしない大海原で浮きつ沈みつする、一隻の船のようなものだった。そのため、この大地に住む生き物たちは落ち着いて暮らすことができなかった。

そこで、ゼミマは、大地が揺れ動かなくするために、海の底から大地を支えるよう、一匹の大きなスッポンに命じた。すると、揺れは止まり、大地は固定され穏やかになった。

そのスッポンというのは、この世に二つとない巨大な体をしていて、頭にはふさふさと髪の毛が生え、長い眉毛《まゆげ》を持っていた。数えきれないほどの髪の毛と眉毛は、やがて海の底から大地を支える大黒柱に変わる。ところが、その眉毛が小刻みに震える度《たび》に大地が揺

①アチャン族の神話で女性始祖とされ、地母とも呼ばれる。男性始祖は天公ともいわれるゼパマである。

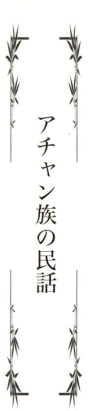

れる。それゆえ、スッポンは常に目を大きく見開き、神経を張り詰めて、頭上にある大地を見守っていなければならなかった。さもなければ、大地が崩れ落ちるかもしれないからだ。

だが、ずっと目を見開いていたのでは、スッポンと言えども目が疲れることがある。目の疲れをとるために瞬《まばた》きをすると眉毛が震える。スッポンは体が大きい分、目も大きいので、一回瞬きをするのにかなりの時間がかかるが、その眉毛が震え、大地の山々が崩《くず》れ、平野が陥没《かんぼつ》するのである。

はてさて、どうしたものか。

ゼミマはスッポンが瞬きをしないように、②金鶏《きんけい》を差し向けて監視することにした。スッポンが瞼を閉じようとすると、金鶏は鋭利な嘴《くちばし》で、素早くスッポンを突っついた。すると、スッポンはすぐに目を大きく開き、眉毛で大地を支えるのだという。

スッポンと金鶏が大地を支えてくれたおかげで、人々は安穏《あんのん》に暮らすことができるようになった。そして、その功績を讃えて、次の言葉が広まった。

スッポン瞬けば　山動く
金鶏突けば　安泰《あんたい》なり

②天上に棲む想像上の鶏。

英雄ゾーカイの物語

遠い昔のことである。①瀾滄江《ランサンジャン》の流域に数十の村があった。その中の一つ、三姐村《サンジェ》にラウという名前の長《おさ》がいた。ラウは②身の丈《たけ》八尺の長身で、一気に幾重もの山を越え、怪力を持ち、日に三升もの大酒のみだった、おまけに大の好色で、器量のよい女性を見かけては手を出した。そのため、村のものは皆妻子を連れて逃げ出した。

ある日、ラウは一匹のヘラジカを追っているうちに道に迷い、松牧村《ソンムウ》にやって来た。松牧村の長であるリゾの許しを得て、彼は一晩、猟師のジュウドンの家に泊まった。

ジュウドンには若く、美しい妻がいた。ラウはそれを一目で見《み》初《そ》め淫《みだ》らな想いを抱き、ジュウドンを殺しその妻を連れ去ろうとした。だが、彼女は力の限りに抵抗した。それを三姐村の近くに住んでいたジュウドンの弟が知り、リゾに訴えると、リゾは近隣の長と手を組んで三姐村に攻め込み、ラウ一族を滅ぼした。

その後、勇猛果敢なリゾはその勢いでいくつかの村を支配下に置き、その地域一帯を制覇して、自ら象山《シアンシャン》の長と名乗った。

①雲南省の三大河川の一つ。チベット山地に源を発し、雲南省を南下してラオスへ入るとメコン河と名を変える。

②身長約二四〇センチメートル。

リゾの村にモンヤンという、若くて勇敢な猟師がいた。

ある日、モンヤンの父が狩《か》りの最中に誤って人を殺してしまい、牢獄につながれた。そして、モンヤンは「一群れの山羊《やぎ》を以《もっ》て罪を償《つぐな》うか、さもなければ命を以て償え」とリゾから命じられた。財産など持たないモンヤンは村中を訪ねて、山羊を借りようとしたが、無駄骨に終わった。最後に、一縷《いちる》の望みを託して、彼は峠に住む老婆の家を尋ねて懇願した。

「必要な数の山羊を都合していただければ、養子になって死ぬまで面倒を見てあげよう」

「わしは一文無《いちもんな》しの未亡人。どうして山羊を貸してあげられるものか」

老婆の言葉はモンヤンのわずかな望みを打ち砕いた。

「父さんの命はこれまでか、気の毒だ」

モンヤンが思わず悲鳴をあげると、不思議なことに、老婆の家の前に転がっていた石が、突然、山羊の群れに変わった。モンヤンは繰り返し繰り返し老婆に頭を下げ、山羊の群れを追い立てて村へ戻り、父親を助け出した。

翌日、モンヤンはリゾ家の山羊を盗んで、老婆の家の前に駆り立てて行き、石に戻した。

この話を聞いたリゾは、モンヤンが神様のご加護を受けていると信じ、モンヤンを娘婿《むすめむこ》として迎えた。

その後、モンヤンはますます強く勇ましくなり、素手で牛を倒し、ロバを持ち上げるほどの神通力《じんつうりき》を持つ者として名を馳《は》せ、部族の長《おさ》の座を受け継いだ。

モンヤンから五、六代後、その末裔《まつえい》としてモンラが長《おさ》の座についた。

モンラにはヌリュウという聡明で美しい娘がいた。そして、近くの蛇山の村にディーノンという、勇猛かつ残忍な長がいた。もとよりディーノンはモンラに対して不満を抱いき、ヌリュウを我《わ》がものにしようと目論《もくろ》んでいた。

ある日、ディーノンはモンラの村に奇襲《きしゅう》をかけ、モンラを殺して集落を焼き払った。だが、ヌリュウは取り逃がしてしまい、瀾滄江沿岸の集落を探し回ったが、ついに彼女を見つけ出すことはできなかった。

一年後のある日、ディーノンがダンガ村に招かれた時、偶然にもヌリュウの姿を見つけた。彼女はすでにゾーという名のアチャン族の若者と結婚していた。にも関わらず、ディーノンはヌリュウを奪い取ることを決め、数日後、村中が寝静まった深夜、腹心の家来を率いてゾーの家に侵入し、ヌリュウを拉致《らち》した。念願の夢をかなえたディーノンは有頂天になって宴席を設けて、一族郎党をもてなした。見るからに気弱な美女が、この機に父親の仇《あだ》を討とうと考えていることなど、ディーノンは夢にも思わなかった。

ディーノンがほろ酔い加減で近寄ると、ヌリュウは事前に隠し持っていた小刀を敵《かたき》に突き刺した。そして、意表をつかれて呆気《あっけ》にとられたディーノンを背に、素早く森の中へ逃げ去った。

虎口《ここう》を逃れたヌリュウはひたすら細い道沿いに走った。途中、助けに駆けつけた夫のゾーと運よく遭遇し、しばし喜びを分かち合った。その後、ヌリュウは夫に支えられて、池の畔の森に逃げ込んだ。その夜、ヌリュウは元気な男の子を産んだ。

一方、ディーノンは腹の虫が納まらず、「なんとしてもあの夫婦を殺す！」と烈火のごとく怒りを爆発させた。ディーノンは手勢を率いて、森の中をしらみ潰しに探し回るうち、狩りに出ていたヌリュウの夫を捕まえた。兵士に殴られる夫の悲鳴を聞いたヌリュウは赤ん坊を抱いて逃げた。その途中、幹がとてつもなく太い一本の③庭漆《にわうるし》の木にたどり着いた。その根の南側に大きな穴があった。ヌリュウは赤ん坊をその穴に寝かせ、その上から木の枝を覆いかぶせて、北の方向へ走り出した。

ヌリュウは敵の目を自分に引き寄せようとひたすら走り続けたが、日暮れ時、ついに捕まってしまい、夫婦そろってディーノンの手にかかって殺された。

③中国原産の落葉高木。神霊が宿ると伝えられている。

翌日、ヌリュウの夫、ゾーの妹がこの悪い知らせを聞き、慌てて様子を見に行った。その途中、庭漆の横を通りかかった時、微《かす》かな赤ん坊の泣き声が聞こえ、ヌリュウが隠した赤ん坊を見つけた。そして、赤ん坊を包んでいた毛皮の衣服から、兄の息子であることが分かり、しっかりと抱いて家へ帰った。

彼女はこの子をゾーカイと名付け、食べる物も着る物もできるかぎり一番良い物を与えて大事に育てた。ゾーカイは山や森で鳥獣に生きる術《すべ》を見習い、たくましく成長した。そして十二歳になる頃には、聡明で立派な少年に成長した。

ゾーカイは、石鎚《いしづち》のように丈夫な拳《こぶし》を持ち、翼が生えたように足が早く、素手で虎を倒すこともでき、百発百中の弓の名人として時の人気者となった。そしてある時、叔母から父と母の死にまつわる経緯を聞かされ、いつか必ず両親の仇《あだ》を討とうと誓った。

それから数年後、ゾーカイは堂々たる体格の、正義感あふれる青年に成長し、優秀な猟師として知られるところとなった。

ある日、ゾーカイが山で狩りをしていると、馬に乗って峠を通りかかるディーノンとその息子に出くわした。ゾーカイの胸の中に怒りが燃え上がり、長刀を手に先回りして二人を待ち伏せした。とりあえずディーノンを遣り過ごし、背後を行く息子のほうを狙《ねら》うことにした。彼は飛びかかると同時に刀を振り回し、力任せに息子に切りつけた。「ぎゃあ！」という叫び声を上げて、息子は馬から転落した。

ディーノンはその叫び声を聞くなり、とっさに向きを変え、刀を振りかざしてゾーカイめがけて体当たりに斬りかかった。二人は激しい取り組みを繰り広げ、徐々にディーノンが攻勢を強めた。ゾーカイは形勢不利と悟り、攻撃の隙を突いて、さっと森に逃げ込んだ。ディーノンは馬に飛び乗り、逃してなるかとばかりに追いかけるが、もう少しで追いつこうかというところで、ふいに一匹の馬がゾーカイの前に現れた。ゾーカイは馬に飛び乗り、脱兎のごとく逃げ去った。追いつけそうにないので、ディーノンはやむなく追跡をあきらめた。不思議なことに、ゾーカイを乗せた馬は、蹴りを入れずとも疾風のように走り、ほどなくして家に着いた。


翌朝、ゾーカイはディーノンがまだ村に戻っていないことを知り、いくつかの村の長と手を結び、ディーノンの村に奇襲をかけ、ディーノンの本拠はひとたまりもなく陥落した。その後、ゾーカイは地形の険しいハウダン坂に陣を張り、ディーノンを迎え撃つ準備をした。

一方、ディーノンは疲れ果てて、とある村で休息していたところ、本拠の村が襲撃されたと聞き慌てて引き返した。ディーノンの軍勢がハウダン坂にさしかかるやいなや、ゾーカイの罠に落ちて、あっという間に敗れた。ディーノンは廃墟と化した蛇山に逃げ帰り、追いかけてきたゾーカイと激しい戦闘を繰り広げた末に、体を真っ二つに切り裂かれ醜《みにく》い最期《さいご》を遂《と》げた。

ゾーカイは民衆のために極悪人を退治した英雄として、部族の長《おさ》に選ばれ、④雲龍《ユンロン》一帯のシャウ、ツオジャ、ランソン、ガンマサンなど数百里の地域がゾーカイの支配するところとなった。ゾーカイは直ちに各部族の長を任命し、各村に食糧をはじめ珍獣の毛皮などを税として納めるよう義務付けた。ゾーカイの統治よろしきを得て、この地域一帯は大いに発展を遂げ、アチャン族の人口は大幅に増え、人々は平和で幸せに暮らすことができた。

④瀾滄江流域の街で、現在の大理ペー族自治州にある。

イ族の民話

女人国を征服したツイアブ

遠い昔、森の中にムグツイという女性が夫と暮らしていた。

ある日、夫は狩りに出かけたまま、行方《ゆくえ》知れずになってしまった。夫の帰りを待ちきれず、ムグツイは夫捜しの旅に出た。幾多の森を潜り抜け、幾多の山を越え、髪の毛が真っ白になるまで捜し回ったが、とうとう夫は見つからなかった。そんなある日、ムグツイの行く手に奇妙な山が立ちはだかった。この世のものとは思えない、さまざまな花が咲き乱れ、真っ赤に彩られた山だった。ムグツイは、花山から漂ってくる暖かな香りに酔ったかのように全身から力が抜け、ぼんやりと花山を登って行った。

ムグツイは不意に思いついた。

「高い所から夫の名を呼べば、遠くにいても聞こえるだろう」

そこで、叫ぼうとして口を大きく開けた瞬間、甘みを帯びた生暖かい風が吹き込み、急に胸騒ぎがして、熱いものが体中に漲《みなぎ》ってくる気がした。

それから九か月後、なんとムグツイに真ん丸と太った赤ん坊が生まれ、その子にツイアブと名づけた。ツイアブは母が摘んでくれた九十九種類の果実を食べて、どんな野獣よりも利口に育った。さらに、九十九種類の野獣の肉を食べて器用な体になり、九十九種類の木の根を食べて、大木のような体格になった。そして、三歳から母に機織《はたお》りを学び始め、七歳になると、山草から美しい服をつくり、野獣の毛から暖かくて丈夫な上着をつくることができるようになった。九歳にして田畑つくりの名人となり、一山の畑をわずか一日で耕すことができる腕前になった。そして、狩りに出かけると、勇敢な猟師となり、獲物を持たずに手ぶらで帰ることはなかった。

息子の成長を何よりも喜んで見守るうち、ムグツイもついに年老いて働くどころか、歩くことすら難しくなった。ツイアブは、狼や毒蛇などがいつ出るか分からない山中の家に母を一人にしておくのは心配だったので、背負って狩りに出かけた。

母は息子に苦労をかけまいとして、「アブよ、この老いぼれの骨は、お前の背中で揺られるのは耐えられない。家に寝かせておくれ！」と頼んだが、ツイアブは一向に聞き入れなかった。

そこで、母は、

「アブよ、花咲かぬ木は木にあらず、所帯を持たぬ人は人にあらず。勇敢な我が息子よ、

美しい妻を探しに行け。そして、①嫁《とつ》ぐのだ。お前は子を持つ時が来た。親元を離れるのだ」と言った。しかし、ツイアブは、

「おふくろよ、今まで育ててくれた代わりに、これからはおれが養う番だ。おれが嫁ぐなんて、お腹を痛めて産んだ息子じゃないか」と断った。

「わたしを置いて行けとは言わない。わたしをのみ込んでしまえば、いつまでもお前と一緒だ。お前を身籠《みごも》った時と同じように、お前もわたしをお腹に入れるのだ」と、母は負けずに言い張った。

「おれがおふくろのお腹にいたのは、生まれるためだ。けれども、おふくろがおれの腹に入っても、生まれてこられないんだ。おれには、おふくろをのみ込むことも、よそへ嫁ぐこともできない」

親子の言い争いは数日にわたって続いた。そこで、ツイアブは、よそから嫁《よめ》をもらって、母の面倒を見てもらうことを思いついた。しかし、男が嫁ぎ、女が娶《めと》るというのがその当時のしきたりだった。息子が嫁をもらうなんてあり得ない話だ。母の憂鬱《ゆううつ》をよそに、ツイアブは山の洞穴に母親を隠して、嫁探しの旅に出た。

ツイアブは母から言われたとおり、歌を道連れにして、花山へ向かって行った。峠を一つ越えたところで、華やかに着飾ったカナリアが、ツイアブの周囲を飛び回りながら、

「アシャアシャシリサノ　モラモチョ……」

①かつてイ族は男が女の家に入る「入り婿婚」が行われ、「嫁ぐ」と言った。

と歌った。何を言っているのかさっぱり分からなかったが、「何かよいことの前触れにちがいない」と思い嬉《うれ》しくなった。

それからしばらく行くと、猪《いのしし》が現れ、

「ホンホンヘイヘイ　バラバラウズニズ……」

と騒ぎ立てた。これも分からないので、長刀を抜いて撃退した。

またしばらくすると、猿の群れが現れ、行く手に立ちはだかって、

「ワライリカカモモ　アルザチョ……」

と、身振り手振りを交えて騒いだ。ツイアブはとうとう堪忍袋の緒が切れて、棒を振り回して猿を追いはらった。それ以後、動物たちはツイアブを恐れ、近づくことがなかった。

ようやくのことでリスを捕まえ、話を聞くことができた。

「リスよ、男が女のところに嫁ぐということを逆にしたいが、どうだ？」

リスはニヤリと笑って逃げ去った。

そして、とある山坂まで来ると、豚飼いの娘に出会った。

「おお～い、そこのお兄さ～ん、どこから来て、どこへ行くのさ。名前は何と言うの、母親の名は？　嬉しそうな顔して早足なのは狩りのためかい、それとも嫁ぐためかい？」

「豚飼いの娘さん、僕は花山の向こうから来たのだ。母の名はツイ、僕はアブだ。実は、女が男を娶るしきたりを変えるために急いでいるのだ。利口な娘さんよ、世の中に男に嫁ぎたいと思う女がいるだろうか？」

「あんたが子どもを産めるなら、いるだろう。そうしたいのなら、しなさいよ」

ツイアブは娘に礼を言って、旅を続けた。途中、たくさんの娘に出会ったが、誰一人相手にしてくれる者はいなかった。

ある日、尾根伝いに歩いていると、美しい娘が微笑《ほほえ》みながら声をかけてきた。

「そこのお兄さん、何か困ったことでもあるの、泣きそうな顔してさ」

ツイアブは名乗りを上げて、

「年を取った母のために嫁を娶りたい。どこかによそへ嫁ぎたい娘はいるかい」

と聞いた。

「知ってるとも。山でほしいものを見つけてくれたら、教えてあげる」

実は、すぐ近くに女人国があった。不思議なことに、女人国の女は山頂の風に当たると子を孕《はら》み、男児が生まれると煮て食べ、女児だけを残した。だから、女たちは男を見つけては捕まえ、用済みになると殺して食べた。地元に男がいなくなると、しまいには、遠いよそから来た男を捕まえるために、この山頂まで来なければならなかった。この娘もその魂胆《こんたん》で男を待ち伏せていたのだった。

娘の罠とも知らないツイアブは、喜んでその話を信じた。その時、雁《かり》が一列になって空を飛んできた。娘は最後尾の一羽を指さして言った。

「最後に飛んでいる雁は仲間はずれだ、それを射止めたら、きっと嫁が見つかる」

ツイアブが弓を引くや否や、雁が空から落ちてきた。

「お見事！」

と、娘は大喜びした。ツイアブは雁の羽根を抜き取って、②箙《えびら》に入れた。

②弓の矢を入れておく箱形の武具。

しばらくすると、山から一匹の大蛇《おろち》がはい下りてきた。

娘はそれを指さして言った。

「その大蛇の毒牙を抜き取れば、嫁が見つかる」

娘の言葉が終わらないうちに、アブは大蛇の首を押えつけ、毒牙を抜き取った。その勇敢ぶりに感激した娘は、

「いくら女人国の人でも、この男をさらおうにもさらいようがない。彼と結婚しよう」

と考えた。そこで、

「あなたはこの世に二人といない英雄だ。わたしがあなたの嫁になるから、ついて来て！」

と言って、アブの手を引いて実家に帰った。


娘の母親は寝たきりの老人で、とろんとした目つきでアブを見たが、大いに喜んで二人を結婚させた。しかし、アブが娘を連れて帰ろうとすると、その母親は、

「男が女についていくのが世の中の常だ」

と言って、引き止めた。娘もその言葉に賛成した。

それに腹を立てたアブはその家から退散したが、あまり遠く行かないうちに、娘が追いかけてきた。「お母さんは？」と不思議に思って聞くと、「おなかの中」と、彼女は腹を軽く叩いた。

「いらない、いらない。人間を食うようなやつなんか嫁にするもんか！」

アブは驚きのあまりに叫びながら、走って逃げた。もはや取り返しがつかないと悟った

娘は、道端の木に頭を打ちつけて命を絶ち、その魂は人を食う「鬼ババ」になった。

無我夢中で逃げ出したツイアブは旅を続けるしかなかった。

赤く染まった尾根を三つ越え、黒い川を三本渡ると、思わぬところにたどり着いた。空も地も水も真っ赤な国だった。目もくらむような赤い光の中に、大きくて真っ赤な村が見えた。麻の幹《みき》でつくられた村の大門が無雑作に開いていて、全裸の女性たちが薪を運んだり、水を汲んだりして、忙しく動き回っていた。時には美しい歌声が聞こえ、ツイアブは見ほれてしまった。

女人国だったのだ。ここの人間は死ぬことはあっても、老けることがないので、誰もが皆、十八、九の娘のように美しく、おまけに身体が大きく、歩くことは風のように速かった。それに、片手で山を持ち上げられるほどの、とてつもない力持ちで、悪魔でさえ一目《いちもく》も二目《もく》も置いていると言われていた。ツイアブは何が何やら分からず自分に腹が立ち、すぐにここを立ち去ろうとした。

その時、赤ん坊を背負った十数人の女に取り囲まれた。女たちはとてつもなく大きな乳房を肩に振り載せて、背中の赤ん坊に乳をのませていた。ツイアブを見ると、薪《まき》を両手に持って、妙な歌を口ずさみながら、さらに取り囲んできた。

「おお、いい男じゃないか。みんな、ついに幸運が回ってきたよ。捕まえろ！」

一人の女がにんまりと笑いながら、甲高い声で叫んだ。すると、その一声で、女たちは仕事を放り出して、村の隅々からツイアブに襲いかかるように集まってきた。

ツイアブは、「しまった！」と思い、逃げ道を切り開いて一目散に逃げた。女たちは憎らしげに喚きながら、食いつかんばかりに後を追ってきた。突然の出来事で取り乱したツイアブは道を選ぶ余裕もなく、今にも捕まりそうになった。

が、とっさに知恵が閃《ひらめ》いた。ツイアブは箙から雁の羽根を一本抜き出し、弓弦《ゆづる》につがえて射《い》った。すると、ゴーゴーという大音響とともに一筋の赤い光が放たれ、巨大な山が一瞬にして真っ二つに割け、ツイアブと女たちの間に大きな溝が出現した。

ツイアブが羽根をもう一本射ると、溝の底から水がどんどんと噴き出してきた。さらに一本射ると、水が流れとなって沸きあがり、炎さながらの熱気が上空に立ち上った。雲の間を縫うように飛んでいた鳥もその熱気にあおられて落ちる有様だった。女人国の女たちは悔し涙をのんで引き返していった。この時③金沙江が生まれた。

ツイアブは金沙江のおかげで命拾いをしたが、故郷へ帰る道も断たれた。川岸に立ちすくんで、今までのことを思い出してみた。嫁探しの願いがかなうどころか、故郷の母親に二度と会えないかもしれないと思い、思わず涙した。一方、命からがら助かったことを喜び大声で笑った。

ツイアブはいろいろと悩んだ末に、故郷へ帰ることにした。

が、帰る道はどこにあるのか、途方に暮れて川岸をうろつき、九日が経ったある日、ふと、懐で何か硬いものがお腹へ入ろうとする気配がした。それを取り出してみると、大蛇の牙だった。癪《しゃく》にさわったツイアブはそれを川に投げ捨てた。すると、不思議なことに、牙は大蛇に変わり、両岸を繋ぐ橋となった。ツイアブは大蛇の背中を歩いて川を渡った。

③雲南省を流れる「三江」（ほかに瀾滄江、怒江）の一つ。北西部の山岳地帯に源を発し、四川省に入ると「長江（揚子江）」と呼ばれ、上海近郊で東海に注ぐ。

家へ向かう途中、清らかな小川の浅瀬があり、ツイアブは水をすくって飲んだ。すると、芳《かぐわ》しい香りがするので上流を見上げると、川が弓なりに曲がったところに、木の葉の服を着た女性が手を洗っていた。その美しさにすっかりのまれたツイアブは、夢見心地で娘の前に行くと跪《ひざまず》き、深々と頭を下げて聞いた。

「美しい娘よ、お住まいはどこでしょうか？」

「あなたは素敵で勇敢な方です。お気持ちはすべてお見通しなので、ここでお待ちしていたのです」

娘はにこやかに答えた。ツイアブは思いのほかのことで大喜びだった。

「なら、僕の嫁になって、年老いた母の面倒を見ていただけませんか」

「実は、わたしは生き物を司る女神です。あなたとは④一重の天で隔てられているので、お気持ちに応えることができませんが、母親思いの優しいお心は結構なもので、鹿と鵲《かささぎ》を差し上げましょう」

と、女神は控えめに答えた。ツイアブは跪いて礼を言って、家へ帰った。

ところが、この会話は川の流れとともに女人国まで伝わり、水を汲みに来ていた一人の女の耳に入ってしまった。

それからというもの、女神がくれた鹿と鵲が母の面倒を見てくれるようになり、ツイアブは母を背負って狩りに出ることはなかった。しかも、不思議なことに、彼は刀や弓を使わなくても、野獣を捕らえる力を持つようになっていた。

④天は複数の次元から構成されているとされる。

寒い冬が訪れたある日、ツイアブは狩りの帰り道、凍《こご》えている若い娘を見つけた。今にも死にそうな傷だらけの娘を不憫《ふびん》に思い、家に連れ帰った。娘は命の恩人に感謝して、

「嫁にしてくれ。お母さんの面倒を見させてくれ。来年の春にはお前と同じような、立派な息子を産んであげるよ」

と熱心に言った。その言葉に感激したツイアブは娘と結婚することにした。娘の名はハイナイモといった。

結婚したての頃、ハイナイモは朝から晩まで母親の面倒に明け暮れ、大変な孝行ぶりだった。翌年の春、望みどおりまるまると肥った赤ん坊が生まれた。ツイアブは大喜びして、目に入れても痛くないほど可愛がった。

ある日、ツイアブが狩りから帰ると、鵲の羽根が散らかっていて、どこにもその姿が見当たらなかった。妻に聞くと、

「お前さんの愛息子《まなむすこ》がね、鵲の肉を食べたいというから殺したの」

と答えた。

「女神様に顔向けできないことをしてしまった」

とツイアブは心を痛めたが、大事な息子がそれを食べたからには咎《とが》めようもなかった。

またある日、同じようなことが鹿の身にも起きた。狩りから帰ったツイアブは、門の扉に高々とかけられている鹿の皮を目の当たりにした。ついに堪忍袋の緒が切れ、妻を捕まえて手を上げようとした。突然のことで肝を潰した妻は、ツイアブの前に跪き、冷静を装って言った。

「今やお母さんの面倒はわたしが見ているし、獣の助けなんかいらない。お前は狩りの神様の物なら何でも思うままに捕れるでしょう。鹿の一匹ぐらいいいじゃないの」

それはあながち間違ってはいないと思い、ツイアブは妻を許すことにした。

ところが、またある日、ツイアブは妻が大きな乳房を肩に振り載せて息子に乳をのませているのを見た。その途端、ツイアブは我に返った——大柄で力強く、風のように早足で歩く妻の姿——今さらながら妻に疑いを募らせた。そこで、ツイアブは妻を試してみようと、「二人で相撲をとろうか」と仕かけてみた。

ツイアブの魂胆を見抜いたハイナイモは、わざと三回とも夫を勝たせたものの、力のあることは隠しきれなかった。妻の力の強さに驚いたツイアブは内心で「世の中の女は男の片手の力があれば十分だ」と思った。ここから、女性は力が弱くなったといわれる。

妻が三回とも負けたので、ツイアブは妻が女人国の人間かどうか判断に迷った。そこで今度は競走で妻の本性を探ろうとしたが、それも徒労に終わった。妻はわざと歩幅を狭めて小刻みな走り方をして、大きく遅れたからだ。

その様子を見たツイアブは「世の中の女は、皆、このような走り方をしてくれればいいなあ。そして、妻はもう少し小柄になってくれれば」と内心で思った。そのせいか、後世の女性は走り方も変わり、背も小さくなった。

その晩、ハイナイモは急においおいと泣き出した。ツイアブがその理由を聞くと、「かわいそうな母のことを思い出したんだ。お前がお母さんのことを心配するようにさ。アブよ、わが子を連れて会いに行こうよ」と言った。

アブが願いを聞き入れると、

「明日の朝早く、お土産に何か捕ってきなさい。わたしが片づけを済ませてから、どこかで落ち合おう」と妻は満面の笑顔で言った。

翌朝、ツイアブが目覚めると、妻はすでに台所で大きな⑤蒸籠《せいろ》に美味しい匂いを漂わせて、何かを蒸《む》していた。

ツイアブは別れを告げようと思ったが、早起きなはずの母の姿が見えず、「お母さんは？」と尋ねると、

「まだぐっすり寝ているから起こしちゃ悪いよ。もうすぐ日が上るし、早く山へ行きなさい」と妻が急かすように言った。

ツイアブは素早く猪と鹿を捕り、妻と落ち合う場所に着いた。待ちくたびれてうとうとしかけた時、息子を背負い、大きな風呂敷包を手に提げた妻が大股で歩いてきた。

「何を食べた、顔にこんなに油がついて……」

と、ツイアブは油まみれの妻の顔を見るなり、不思議に思って聞くと、

「お腹が空いたら困るから、燻《あぶ》り漬けの肉を食べてきた」

とハイナイモが答えた。

ツイアブは、なぜか母親のことが胸をよぎり、「お母さんは？」と思わず口走った。

「そんなにお母さんのことが心配なら、帰っていいよ。わたし一人で行くから」

ハイナイモは、血相を変えて怒った。ツイアブは二の句をのみ込んで、ただ黙って獲物を持ち上げて担ごうとした。すると、

⑤調理に使う蒸し器。

「まさかこんな臭いものをお母さんにあげられないよ。捨てなさい。手ぶらのほうが速く歩ける」

ハイナイモは猪と鹿を交互に足蹴《あしげ》にして怒鳴り続けた。

親子三人は黙々と歩き始めた。しばらくすると、ツイアブは代わりに息子を負《お》んぶしようとしたが、風呂敷包が投げ出されてきた。それは思いのほかどっしりしていたので、妻の目を盗んで開けてみると蒸した肉の塊が入っていた。母ムグツイの肌の色と覚しき物が混じっているように見えて、仰天して「これ、何の肉だ！」と妻を問い詰めた。

「今日はやたらにうるさいね。言ったろ、燻り漬けの肉だよ」

ハイナイモは無愛想に答えた。どうにも腑に落ちないツイアブだったが、妻にそっぽを向けて黙り込むしかなかった。二人はそれぞれの思いを抱きながら、道を急いだ。

そのまま三日が経った。息子が妻の背中でじっとしているのを不思議に思ったツイアブは、つい我慢できずに口を開いた。

「乳をやらないのか？」

「あんたが用足しに行っている間にのませたよ」

ツイアブが息子の頭にかけられている布を取ろうとすると、風邪を引くからと言って引き止められた。疑いは募るばかりだった。

その時、

「アシャアシャシリサノ　モラモチョ……」

と花のように着飾ったカナリアがツイアブの周りを飛び回り、肩に止まって叫んだ。何を叫んでいるのか分からないうちに、ハイナイモが殴って殺してしまった。ツイアブはそれを気の毒に思って懐にしまった。

しばらくすると、猪が現れて

「ホンホンヘイヘイ　バラバラウズニズ……」

と声をかけてきた。これも何を叫んでいるのか分からないうちに、ハイナイモはツイアブが腰につけていた長刀を抜き取って切り殺した。

またしばらくすると、猿の群れが二人の行く手に立ちはだかり、

「ワライリカカモモ　アルザチョ……」

と、身振り手振りを交えて騒ぎ立てた。何を言っているのか分からないうちに、ハイナイモがツイアブの弓で小猿を射止めて殺してしまった。ツイアブは無念さに唇を噛みしめて、小猿の皮を剥がして、遺体を山羊の皮袋にしまった。猿たちは彼らの後を追って、大声を上げて泣き騒いだ。

さらにしばらく歩くと、大勢のリスが道端の木に坐って涙しながら鳴いていた。ツイアブは「これは女人国に行く道だ。狩りの神様よ、わたしの命ももはやこれまでだ！」と呟いた。すると、それに応えるように、四方の山から何千何万の動物が現れ、足音を忍ばせて二人の後をついてきた。ツイアブはいささかの安堵を覚えた。

そして、一行はとある辻《つじ》にたどり着いた。そこで暇潰しをしていた大柄の娘の一人が二人の顔を見るなり、背中を向けて走り去っていった。もう一人の娘がにこにこしながら、ハイナイモに声をかけてきた。

「お姉さん、何かおいしいものを持ってきた？」

妹のようだった。娘はツイアブと風呂敷包みを見比べながら聞いた。

「脂ののった燻り漬けの肉よ」

ハイナイモは肉の塊を何個か取り出して手渡した。すると妹はそれを丸のみするように食べ尽くし、

「燻り漬けはもう飽き飽きだ。もっと柔らかいのはないのか」

と、自分の唇を舐めながら聞いた。

「背中にあるよ。帰ってから食べよう」

ツイアブは二人の思わせぶりな会話に耳を傾けながら、肉の塊を貪《むさぼ》るように食べる娘の様子を見ていて、身の毛がよだち背筋がゾッとした。

その時、先刻この場から去って行った娘が大勢の女を連れて戻ってきた。

「お姉さんが『良薬』を持ってきてくれたぞ」

女たちはハイナイモを囲むように集まり、風呂敷の中にある肉を分けて食べ尽くした。

「さて、あんたたちのために特別に用意した『薬』を押えつけろ。逃がしちゃだめだぞ」

ハイナイモの一声で数十人の女がツイアブに飛びかかると、刀と弓を奪い取り、腕ほどの太さの綱《つな》でツイアブを縛った。身動きがとれなくなったツイアブを見て、ハイナイモはゆっくり背中の息子を石の上に降ろした。息子はすでに蒸されて死んでいた！

ツイアブは気を失いそうになった。女たちは跳び上がらんばかりに歓声をあげた。それから、ツイアブを担いで赤い色の尾根を三つ越え、黒い水の川を三本渡って、真っ赤に染

まった女人国に帰った。ハイナイモこそ川岸でツイアブと狩りの女神の会話を聞いていた娘だったのだ。ツイアブはあまりの悔しさに歯軋《はぎし》りした。

がんじがらめに縛られたツイアブは、女人国の王の前に連れて行かれた。がっしりとした体つきで、気力に満ちたツイアブを見て、国王は大喜びし、ハイナイモに手厚い恩賞を与えた。それから、ツイアブの息子を食卓に並べさせ、自らが生殖器を食べた後、残りを下々《しもじも》に与えた。女たちがわっと食卓に押寄せ、あっという間に骨まで噛み砕いて食べ尽くしてしまった。

女人国の王は一番の年長者で「媽媽《ママ》」と呼ばれていたが、見た目は皆と同じくらいの若さだった。息子を食べ終わると、王は、悲しく涙しているツイアブを裸にして、銅で頑丈につくられた⑥公房《ゴンファン》に閉じ込めるよう命じた。娘たちがそこで代わる代わるツイアブと共寝することになるのだ。ツイアブは猪の牙をこっそり隠し、この辱めから逃れて脱出する機会を狙《ねら》った。

翌朝、王が起きると早々に、前夜ツイアブと共寝した三人の娘が慌てふためいて報告に来た。

「大変なことになりました！　夕べ公房に入って横になった途端に気を失ってしまったようです。今朝目覚めたら、乳房《ちぶさ》が小さくなっていました」

さらに悪いことに、それを皮切りに全国のあちらこちらから、乳房縮小の消息が次々と伝わってきた。

⑥集落にある集会所のこと。イ族の若者は十二歳から結婚までの間、集団生活をする決りがあった。住居は男女別々だが、毎晩のように歌や踊りを共にして、男女の出会いの場でもあった。

「巨乳あってのわが国もここまでか！」

話が終わるか終わらないうちに、王の顔は老婆の形相《ぎょうそう》に変わった。そのような現象がたちどころに全国に広がり、年の差が分かるようになった。怒った女たちは、ツイアブを殺して食べようとばかりに叫び狂った。王はツイアブを引き出させて言った。

「お前を殺して食べる。何か言いたいことはあるか」

ツイアブは、恐れずに堂々と言った。

「おれの手はお前たちの乳房を萎《しぼ》ませることも、年齢の偽りを暴くこともできる。それでもおれを殺したいか？」

王は、ツイアブの毅然とした態度に気後《きおく》れして、しばらく臣下《しんか》とこそこそと話し合って、辛うじて一つの結論に達した。

「お前がどれほど神通力《じんつうりき》を持っているのか試してみよう。お前が勝ちを収めれば、わたしはこの座を譲り、臣下としてお前に仕える。さもなくば、お前を殺して食べよう」

ツイアブはその挑戦を快諾した。

一つ目の試練は田畑を耕すことだった。一五〇頭の牛をもってしても耕すことのできない田畑があり、それを牛も鋤も使わずに一日で耕せというものだった。ツイアブは百数頭の猪を呼びよせ、半日も経ずに約束を果たして一泡吹かせてやった。二つ目は種蒔きだった。ツイアブは数千匹のリスを集めて、あっという間にそれをやってのけた。三つ目はトウモロコシの刈り入れだった。しかも、国中のトウモロコシを一つ残らず刈り入れることだった。今度はリスよりももっと多い数の猿を招いて、半日で仕事を成し遂げた。

王は気持ちがおさまらず、

「動物を使うのは規則違反だ。別の試練を与えよう」

と言った。

「いいだろう。受けて立とう」

こうして新たな試練が始まった。

最初の試練は「一か月以内に、山草から全国の女人の服をつくるのに必要な布を、羊の毛からは羽織を一〇着織ること」だった。

ツイアブは、言われたとおりの仕事を見事にやり遂げ、さらにカナリヤの羽根に山草と羊の毛を紡《つむ》ぎ込んで、彩り鮮やかな前掛けを織り出した。それに魅了された女たちが我先に前掛けをするようになった。これほどの難題も朝飯前にやってのけたツイアブに、王は万策尽きて打つ手がなくなった。

が、ちょうどその時、女人国の女たちが花山参りをする三月が巡って来た。三月になると「野打ち」と呼ばれる慣わしがあった。女たちは花山の山頂に登り、数日の間そこで風を受けて村に戻ると、子を孕んで産んだ。

そこで、王は最後の切り札として絶妙の試練を持ち出した。

「もし、お前が子を産むことができたら、こちらの負けだ」

ツイアブは声高く笑って答えた。

「近頃、腹の中に何かいるような気がする。それを産めばいいだろう」

と言いながら、懐から何かを引っ張り出すと、人間と覚しき、血まみれの肉の塊が床に落ちた。その場にいた女たちは皆仰天してひれ伏した。

さらにツイアブは、

「お前たちは花山参りに行ったからには、子を産めるはずだ。さあ、産んでごらん」

とたたみ掛けた。

この期に至って、王も観念して降参せざるを得なかった。女たちも、

「どうか命を助けてください。今年の花山の風はどうも変です。誰一人身籠ることができないのです」

と許しを乞うように言った。それがツイアブの織った前掛けの仕業《しわざ》とは女たちは知る由《よし》もなかった。

「お前たちは全員、おれの嫁になれ！」

ツイアブは王座に坐ると、大声で命令した。女たちは皆二つ返事で従った。

が、数日経ったある日、ツイアブは一人泣いている女に気づき、その理由を尋ねた。

「名目上、わたしたちは王様の嫁ではありますが、年に一度も寝床を共にすることがありません。それに、以前のように力を持っているわけでもないし、今の稼ぎではとても食べていけそうもありません。さらに子を産むこともできなくなりました。そんな自分を情けなく思い、つい涙したのです」

そこで、ツイアブは、

「お前たちはよそへ嫁に行きなさい！」

と言って、女たちをあちこちへ嫁がせた。

それがきっかけとなって、女性が男性へ嫁ぐ風習が生まれた。

この後、ツイアブは女人国を離れ、狩りの神様の使者として動物を放牧して暮らし、後に狩りの神様と夫婦になった。

今、イ族の人たちは猪狩りに行くと、獲物の心臓をツイアブに捧げる習慣がある。

木霊《こだま》の精になったアシマ

昔、アジュディというところに、ある夫婦が暮らしていた。山に藁《わら》小屋を建てて住み、畑仕事で暮らしていた。そして、一男一女の子宝に恵まれ、兄のアヘイは松の木のようにがっしりとした体格の若者になり、妹の①アシマはこの世のものとは思えない美貌の娘と噂されていた。アシマは十二歳になると村の②公房《ゴンファン》で暮らすことになった。畑仕事や弓にかけては、アヘイに勝《まさ》る男はなく、機織《はたお》りや刺繍《ししゅう》、③口琴《こうきん》、踊りにかけては、アシマの右に出る女性はいなかった。

十七歳になると、アシマはさらに輝くばかりに美しくなった。身につけたもの、刺繍を施した服や頭巾《ずきん》さえも輝いて見えた。公房で暮らす男も女も、アシマの美しさに心を奪われていた。彼らは毎晩、アシマが奏でる口琴の音色に集まり、アシマの歌声に心を和ませた。気が付けば、アシマは彼らにとって欠かすことのできない存在になっていた。アジュディの若者は皆、ひそかにアシマに心を寄せていたのである。が、アシマ自身は心を許せる男性について聞かれると、歌に託してこう答えた。

①イ族の言葉で「金のように輝くばかりの女性」という意味。

②イ族の若者は、十二歳から結婚までの間、集団生活をする決まりがあった。住居は男女別々だが、毎晩のように歌や踊りを共にして、男女の出会いの場でもあった。

③糸を通した竹片を歯で挟み、糸を弾いて音色を奏でる素朴な楽器。

春夏は種蒔きに
秋冬は実りたわわに
農に長ける人こそわが夫

真っ直ぐな木こそ
墨糸いらず
心清き人こそわが夫

踊れば笑い
笛吹けば鳥来たる
こんな人こそわが夫

アシマは並ぶもののない美貌と聡明さで名を知られ、縁談の申し込みが後を絶たなかったが、その意にかなうものは誰一人なかった。

アジュディでは古くから、貧乏人は山に、金持ちは麓に住む習わしがあった。アシマの家から遠く離れた山の麓に地主のルブバラという男の大きな屋敷があった。ルブバラは金と権力にまかせて横暴な男であった。この男に猿のような顔をした息子がいて、名をアジといった。この猿男もアシマの美貌に恋い焦がれ、何がなんでも妻にしようと企んでいた。

そこで、ルブバラは仲立ち人をたてて、アシマの家へ向かわすことにした。

「うまいこと取り計らってくれたら、大枚をくれてやる」

とアシマを嫁にするためには金品を惜しまなかった。

そして、地方役人のハイルが選ばれ、さっそくアシマの家に縁談を持ちかけた。

「④銀の杭に金の瓦、これ以上良い嫁ぎ先がどこにあろうか」

案の定、ハイルはまずルブバラ家の金持ちぶりを吹聴した。

「清流が濁流と交わり、山羊が狼《おおかみ》の仲間になることなどありえません」

とアシマがけんもほろろに断ると、

「ルブバラの旦那様に楯突くとはいい度胸だなあ。お前のわがままが通ると思うか」

とハイルは冷ややかに脅した。

「何と言われても、できないことはできません」

アシマは毅然とした態度を通した。

数日後、大群の男が砂埃《すなぼこり》を巻き上げてアシマの家にやってきた。彼らは肉や酒樽、家畜などをたくさん携えて、嫁さらいに来たのである。多勢に無勢、アシマの抵抗はひとたまりもなく押しつぶされ、美しいアシマは連れ去られた。

家から引きずり出される間際、辛うじてアシマは、

「父さん、早く兄さんを呼び戻してください」

④「相手は大金持ちだ」という誇大な比喩。

の一言を言い残すことができた。

その頃、兄のアヘイは山羊の放牧のために遠くへ出かけていた。ある晩、彼は、家が浸水し、大きな蛇が母屋の前でとぐろを巻いているという、不吉な夢を見た。彼は矢も楯もたまらなくなり、家へ帰ることにした。昼夜を分たず道を急ぎ、三日目に家に駆け戻った。その悪夢は妹が拉致されたことの虫の知らせであった。アヘイは事の次第を聞くなり、弓や箙《えびら》を身につけたままルブバラの屋敷に馬を走らせた。

「アシマは、どこだ」

アヘイの叫び声が地を揺るがさんばかりに響き渡った。が、重いルブバラ邸の門扉はどっしりと閉じたままであった。

しばらくすると、猿男のアジが現れ、「⑤歌垣でおれに勝ったら入れてやろう」と鼻息も荒く挑んできた。そして、アジとアヘイはそれぞれ門の上と木の下に坐って唱い始めた。

歌垣は三日続いたが、アヘイは唱えば唱うほど頭が冴え渡り、声も大きくなった。それにひきかえ、アジは顔を赤らめ、首に青筋を立てて必死に応戦するが、次第に言葉は尽き果て、とうとう声もかすれ敗れてしまった。

こうしてアヘイはルブバラ邸の大玄関を突破し、それから、アジが立て続けに仕掛けてくる木こり、種蒔きなどの無理難題にも見事に打ち勝った。ルブバラは追従《ついしょう》笑いを浮かべながら、

⑤イ族の風習の一つ。男女が集団になって歌と踊りで交流することを指すが、ここではそれを勝負の手段にした。

「今日はもう遅いからとりあえず休もう。明日ちゃんとお前たちに礼を尽くすから」とアヘイをなだめるように言った。

アヘイが通された部屋には扉がなかった。夜更けのルブバラ邸は深い闇に包まれて静まり返っていた。アヘイは神経を研ぎ澄まして、夜が明けるのを待っていた。

すると突然、強烈な獣臭さとともに三つの黒い影が襲いかかってきた。アヘイは迷わず矢を連発した。夜が明けてみると、三匹の虎が血まみれになって倒れていた。

ブルバラ親子はその光景にたじろぎ、アシマを帰らせるから大門の前で待つよう、アヘイに言った。だが、アヘイが大門の敷居を跨《また》ぐや否や、門扉はぴたりと閉じられた。ルブバラ親子はふてぶてしくも、またもや約束を破ったのである。

堪忍袋の緒が切れたアヘイは矢を三つ続けざまに放った。矢はそれぞれ門扉、居間の大黒柱、祭壇に突き刺さった。すると、門扉が開き、屋敷がぐらぐらと揺れ始めた。

ブルバラは手下に矢を抜き取るよう命じたが、矢はそこに根が生えたかのようにびくともしなかった。やむなくルブバラは身柄を解放する代わりに矢を抜いてくれとアシマに許しを乞うた。アシマは矢を抜き取り、兄とともにルブバラ邸を去った。

ところが、ここに至ってもまだ懲《こ》りないルブバラ親子は、すぐさま次の行動に出た。アヘイ兄妹が必ず⑥十二崖を通ることを突き止め、彼らは崖の神を取り込んで、二人を溺死させようと上流の堰を切った。濁流の渦にのみ込まれ、アヘイは危うく助かったものの、アシマは行方不明になってしまった。

水が引いた後、いくら探しても見つからず、

⑥切り立った断崖絶壁の名前。

「アシマ、アシマ、アシマ……」

アヘイは必死になって妹の名を叫んだ。

すると、それに答えるかのように、十二崖のほうから声が返ってきた。

アシマ、
アシマ、
アシマ……

それからというもの、「アシマ、元気かい」と十二崖に向かって声をかけるのがアシマ家の日課となった。そして、アシマの友人たちが十二崖の下で三味線や笛を奏でたり、歌を唱うと、同じように返ってきた。

濁流にのみ込まれたアシマは、山歌の神に救われて山の峰となり、木霊《こだま》の精になったという。

龍の嫁になったマコニ

百年余り前、ラヘー村に母と娘が住んでいた。娘の①マコニは生まれながらの働き者で、針仕事も農作業もこなし、蕎麦《そば》の種蒔《たねま》きも刈り入れも一人でやってのける。そんなマコニを恋《こ》い慕《した》う若者がたくさんいた。

ある日、母親が蕎麦の刈り入れで忙しいマコニに昼餉《ひるげ》を届けに行くと、娘は木犀《もくせい》の木陰で刺繍《ししゅう》をしているのに、高く積んだ蕎麦の束の向こうから、蕎麦を刈る鎌の音がしていた。

「蕎麦の収穫は鎌《かま》に任せたの」

と、マコニは平然とした顔で言った。母親はどういうことやらさっぱり分からなかった。

ある時、マコニの腹が膨らんできた。よもやと思った母親は激怒し、娘をきつく問い詰めた。

「よく分からないの。三夜連続でおかしな夢を見てから、どうも体が変わり始めたの。パイナップルの葉のようなものがのしかかってくる夢だった」

「それは龍の王子の仕業に違いない。こうなっては、ちゃんと責任をとってもらわなけ

①イ族の言葉で「結婚しない娘」の意味。

れば……」

そこで、母親は娘に次のように命じた。

「いいかい、長い麻糸《あさいと》をより合せて、縫《ぬ》い針《ばり》に通しておいて、それから、大きな竹蓑《たけみの》を用意しなさい。今度来たら、麻糸をその体に縫い付けなさい」

そして、数日後のある夜、マコニが目を覚ますと、部屋中が金色の光に包まれ、一匹の龍が金色の鱗《うろこ》をきらきらさせながら竹蓑にくるまっていた。マコニは手を震わせながら、麻糸をその体に縫い付けた。雄鶏《おんどり》が一回目の鳴き声をあげた時、龍の王子は立ち去った。

床に転がった麻糸の固まりが見る見るうちに小さくなった。夜が明けて、マコニは麻糸とかすかな血の痕《あと》をたどってその住み処をつきとめることができた。村外れにある龍池だった。

実は、マコニが桂《かつら》の枝で編《あ》んだ籠《かご》を②九街《ジョウジェ》の市で売った帰り、龍池の水を飲んだ時、龍の王子に見初《みそ》められたのだった。

九か月後、男の子が生まれた。

翌日、マコニは名前を授かろうと龍池を訪ねたところ、

「その針で心臓を傷つけられたので、ぼくは間もなく死ぬ。これも何かの因縁《いんねん》だ。子どもは石二海《シィアーハイ》と名付けてやれ」

と王子は言った。

光陰矢のごとし。石二海は十八歳になり、立派な青年に成長した。

②現在の雲南省玉渓市にある集落。

ある時、シバイジロンシュという村から奇妙な噂が流れてきた——何某《なにがし》の家の痩せ馬が神出鬼没で、龍池あたりに忍び込んでは畑を荒らす。毎日のようにあちこちから苦情があがっているけれども、それがとんでもないジャジャ馬で、近づこうものなら噛みつくは足蹴りするはで、飼い主はほとほと手を焼き愛想を尽かし、そいつを押さえつけられる者がいれば、熨斗《のし》をつけてくれてやる。

マコニはさっそく荒馬が出没するという龍池へ様子を見に行った。

一匹の痩せ馬が麦《むぎ》の苗《なえ》を食べているところだった。軽く手招きをすると、なんとしたことか、おとなしく近寄ってきた！

そこでマコニは馬のたてがみをつかんで龍池へ引き連れ、その体に池の水をかけて二、三回さすると、体中にこびりついた汚い糞《ふん》がたちまち寄せ合って一房《ひとふさ》の金の鈴に変わり、馬の首にぶら下がった。

マコニは鞍《くら》やくつわ、鞭《むち》など、いずれも上等な品を取り付け、「龍馬《りゅうば》」と名付けた。そして最後に、赤・黄・青の三色の手綱《たづな》を金のくつわに付けて息子の二海に引き渡し、何度も言い含めるように言った。

「よーく覚えておきなさい。このくつわは、赤を引けば空を飛び、黄色を引けば海の上でも走れる。そして、青を引くと地下を潜《もぐ》り走ることができるのだ」

それからというもの、二海は毎日、空、海、地下を自由自在に飛び回った。

毎日遊んでばかりいては先が思いやられる。マコニは息子のために、仲人《なこうど》を立ててあちこちへ縁談を持ちかけた。が、誰一人として二海の意にかなう娘はいなかった。

「いったいどこが気に入らないのか」

マコニは少し不機嫌になった。

「望みの人がいないのだから仕方がないさ。母さんの美しさにかなわう人は……」

息子は言葉を濁《にご》したが、マコニは息子の言葉に驚いた。

「③昆明《クンミン》に行って、望む人やらを探したらどうなの」

彼女はその場を取り繕うように言った。だが、一つの決意を固めていた。

翌朝、息子が出発する前に、マコニは馬小屋へ行き、赤と青の手綱をはずして、龍馬の膝に④烏骨鶏《うこっけい》と黒犬の血を塗った。黄色の手綱を使って⑤滇池《ディエンチ》を渡れば、昆明など瞬《またた》く間に往復できる。

だが、二海が帰ってきた時は、すでに日は西へ傾き始めていた。

「無駄足だった。水が馬の膝まで来ていたから、時間がかかった」

「明日、もう一度行きなさい」

マコニはもう一度息子に試練を与えることにした。

今度は、烏骨鶏と黒犬の血を馬の太ももに塗った。夜明けに家を発った二海は、夕暮れにようやく帰ってきた。

「馬が太ももまで水に沈んで疲れた。母さん、嫁なんかどうでもいいよ。母さんさえいれば、おれは……」

マコニは息子の話を押しとどめ、強い口調で言った。

③現在の雲南省の省都。

④呪いをかけるのに使われるもの。

⑤昆明市の西部にある大きな湖。

「最後にもう一度行きなさい」

今度は烏骨鶏と黒犬の血を馬の頭に塗った。

翌日、二海が滇池の中心まで進んだ時、龍馬は頭まで水に入ってしまい、人馬もろとも溺《おぼ》れて死んだ。

それからというもの、船がここまで来ると、決まって荒波や渦巻きが立つようになった。けれども、「石家《シージャア》、石家《シージャア》、③嶍峨人《シーアーレン》、嶍峨人《シーアーレン》」と念じると、滇池はたちまち静まり、無事に通過することができた。


息子を亡くしたマコニは、あらゆる辛酸をなめ尽くし、歯が九本も抜けてしまった。にもかかわらず、ごろつきやならず者が入れ代わり立ち代わりやって来ては、執拗《しつよう》に結婚を迫った。

「さもなければ、ラヘー村を水浸しにして、一人残らず魚の餌にしてやるぞ」

それでもマコニは毅然《きぜん》として屈しなかった。

最後に、彼らは九人そろってやってきて脅した。厚顔無恥のごろつきを前に、マコニは怯《ひる》むことなく言い放った。

「暴言を吐くのもいい加減にしろ。おまえたち、碌《ろく》な死に方をしないぞ」

言うより早く、マコニの身体から一本の糸が繰り出され、九人のごろつきを縛ったかと思うと、あっという間に九匹の龍に変えてしまった。そして、マコニが遠方を指さすと、そこに大きな池が現れ、彼らは一人残らず⑦その池に放り込まれた。

⑥現在の玉渓市峨山イ族自治県の旧称。

⑦玉渓市九龍池の起源とされている。

マコニが死んだ後、髪の毛は松や柏に、手や足は山谷に、身体《からだ》は山に、乳房《ちぶさ》は二つの小さな池になった。おかげで、ラへー村は気候に恵まれ、木材や⑧高陵土がとれるようになり、村の人々は豊かに暮らすことができるようになった。

⑧きめの細かい白色の、最上級の粘土。主産地が江西省景徳鎮付近の高陵《カオリン》であることからその名がついた。

ジノー族の民話

ショウジと①ジョウピエンリン

遠い昔、②ジノー山の麓《ふもと》のツウトンという大きな村に、母親と一人娘のショウジが寄り添って暮らしていた。

ある日、二人がツウトン河で魚をとっていると、河原に何かきらきらと光るものを見つけた。掘り出してみると、細長くきらびやかな巻貝《まきがい》だった。その表面にある七つの穴から虹色《にじいろ》の光を放っていた。ショウジはそれをきれいに洗って頭につけてみた。すると奇妙なことに、彼女の体から七色の光が放たれ、美しい笠となって全身を包んだ。

この世の男たちは皆、天女に勝《まさ》るとも劣《おと》らない、ショウジの美しさに心を奪われ、求婚者が殺到し、その家の③竹楼《ちくろう》が踏み潰されそうになるほどだった。

①タイ族の言葉で「広い土地の王」の意味。タイ族の最高支配者とされる。

②ジノーとは「叔父の末裔」「叔父を敬う民族」の意味。漢語で「基諾」と音訳されている。シーサンパンナ州景洪市にあり、古くから六大茶山とされている。

③ジノー族の代表的な建築様式で、竹を組み合わせた高床式住宅。

噂《うわさ》はタイ族のモンバン国のジョウピェンリンの耳にも届いた。彼は早速、数名の大臣をツウトン村に派遣した。大臣たちは豪華な衣装と宝石を携《たずさ》えて、夜も寝ずに象を走らせてやってきた。そしてショウジに、「王国へ輿入《こしい》れしてほしい」と王様の気持ちを伝えた。ところがショウジは贈り物を竈《かまど》に投げ込み、大臣たちを追い返してしまった。そのことでジョウピェンリンはかえって好奇心をくすぐられ、自らショウジに会いに行くことにした。

翌日、彼は新たに豪華な品々を用意し、金と赤い絹で飾り立てた象に乗って、ショウジの家に現れた。そして、彼もまた噂《うわさ》に違《たが》わぬショウジの美しさに見惚《みほ》れた。彼は深くお辞《じ》儀《ぎ》をし、真摯に自分の気持ちを告げ、ショウジの母親に結納《ゆいのう》の品物を渡した。一とおりのことを終えると、ジョウピェンリンは大臣たちを従え、村の④ゾバとゾセに挨拶した。そして、村をあげて祝いの太鼓踊りが始まり、夜明けまで続いた。それから、ジョウピェンリンは美しい妻とともに象に乗ってモンバン国へ帰った。

ジョウピェンリンは片時も妻の側《そば》を離れず、食事も入浴も一緒に行い、まるで糯米《もちごめ》ご飯と⑤ナンミのように、互いになくてはならない間柄になった。

間もなくして、めでたく男の子が生まれた。ジョウピェンリンは大喜びして、早速、その子を後継者に決めた。だがそれは、ジョウピェンリンの正妻のユランハンの激しい嫉妬と恨みをかうことになった。ショウジが王宮に来て以来、夫はまったく自分に寄り付かなくなった。ただでさえ腹に据《す》えかねているところに、国を乗っ取られてしまうかもしれないと思うと、手を拱《こまぬ》いてはいられなかった。彼女はすでに二人の子を産んでいたが、二人

④ジノー族の村の長老の名前。

⑤タイ族の言葉で、青菜の茎や塩、にんにく、唐辛子等でつくった味噌。

とも女の子だったのでなす術はなく、最後の手立ては一つ、ショウジを王宮から追い出すことだった。思い立ったが吉日、ユランハンはショウジを見張って、隙《すき》を狙《ねら》うことにした。

ある日のこと、ショウジは竹楼の二階で欄干《らんかん》にもたれて、髪を梳《す》かしているとき、うっかり巻貝を落としてしまった。ユランハンは、ここぞとばかりにそれを拾い上げると、誰にも分からない場所に隠した。

ショウジは見つかるはずもない巻貝を血眼《ちまなこ》になって探したが、見る見るうちに痩《や》せ衰《おとろ》え、美しく健康な顔を失ってしまった。ショウジには何よりも、変わり果てた姿を人前に晒《さら》すことは耐えられなかった。悩みに悩んだあげく、一匹の子犬を連れて実家のツウトン村へ向かって王宮を逃げ出した。

途中の村々で人々がご馳走を用意して、不運のショウジを迎えてくれたが、その決意を変えることはできなかった。ショウジは川沿いに大龍池の畔《ほとり》にたどり着き、身につけていた衣服を脱いでたたみ、何の未練もなく池に飛び込んだ。その一部始終を見ていた子犬は吠《ほ》える以外に何もできなかった。

ショウジを探しにきたジョウピェンリンたちが、子犬の吠え声に導かれて大龍池にたどり着いた時は、水面はすでに平静に戻っていた。事情を一目で察知したジョウピェンリンは腕輪などの装飾品を池に投げ込み、手をついて三回叩頭《こうとう》をした後、妻の衣服を持って国へ帰った。

最愛の妻を失ったジョウピェンリンは、悲しみのあまり眠ることもできず、食事も喉《のど》を通らなくなった。さらに、息子が「お母ちゃん、お母ちゃん」と泣くばかりで、王宮は深い悲しみに包まれた。ジョウピェンリンはしかたなく、当分の間、息子をツウトン村の祖母に預けることにした。

一方、皇后のユランハンはというと、恋敵《こいがたき》が死んでくれたおかげで、喉元《のどもと》に刺《さ》さった棘《とげ》がとれたように安心した。図に乗って、隠し持っていた巻貝を頭につけてみた。すると奇妙なことに、巻貝から虹色の光が消え失せ、ユランハンは美しくなるどころか、ふっくらとした頬《ほお》が塩漬け大根のように萎《しな》びて、異様にやせ細り、瑞々《みずみず》しかった手も骸骨《がいこつ》のようになった。体中から死の匂《にお》いを漂《ただよ》わせて、さながら⑥ピーパー鬼のようになった。ジョウピェンリンはその変貌ぶりに怖れをなし、王宮から追放しようとした。ユランハンは逆上して大きな石で巻貝を打ち砕《くだ》こうとしたところ、突然、七つの穴から炎が噴き出し、ユランハンは焼け死んだ。巻貝は一条の七色の帯となって、ジノー山へ消えた。

その後、ショウジの息子は武芸と美貌を備えた青年に成長し、モンバン国のジョウピェンリンとなった。彼はジノー族が育ててくれた恩を大切にし、母が残したジノー族の服を布にして、宮殿の中柱にかけた。以来、タイ族は家を新築した時や冠婚葬祭、祝日には、祭壇に供《そな》える酒瓢箪《さけひょうたん》の上にジノー族の帽子を欠かさずにかぶせる習わしとなった。その帽子は布をつなぎ合わせて縫《ぬ》ったものである。ショウジを慕《した》う気持ちが習わしとして今も受け継《つ》がれている。

⑥タイ族の言葉で、病気や災害をもたらす悪鬼とされる。取り憑かれると、一般の人もピーパー鬼に変わるので、それについて厳しい禁制と罰則が設けられていた。

①パオツェ祭りの由来

②攸楽山《ヨウラ》の麓《ふもと》の村にテェロという孤児がいた。がっしりとした体格の美男子だったが、貧しさゆえに二十歳になっても嫁がなかった。

七、八月になると、攸楽山の谷川で美味しい魚が捕れた。そこである日、テェロは竹籠《かご》を編《あ》んで川の下流に行き、籠を川に入れようとしたところへ、怒気《どき》を帯びた叫び声が聞こえてきた。

「この山のすべては我が主人のもの、魚を盗み捕るとはいい度胸だ。殺すぞ」

いつの間にか地主の家来たちが川岸に来ていたのだ。

テェロはしぶしぶ川から上がり、大きな木の下に坐り込んだ。すると一人の白髪の老人が現れ、彼の肩を叩いて慰めた。

「これしきのことで落ち込んでいてはだめだ。魚を捕ることができる場所はほかにもある。お前の村の東に高い山があるじゃろ。頂上に一番太い栗の木がある。その木の枝に竹籠を吊るし、毎朝、様子を見に行けばいい」

老人はこう言い残して姿を消した。真剣な顔つきだったので、テェロは半信半疑で言わ

①ジノー族の言葉で「再会」、「会う」を意味する祭り。

②現在のジノー山のことで、シーサンパンナ州景洪市にあり、古くから六大茶山とされている。

れたとおりにやってみた。

ところが、翌朝もその次の朝も籠の中は空だった。

三日目の朝、テェロが③竹小屋のもの干《ほ》し場で顔を洗っていると、東の山で何かがきらきらと光っていた。彼は心に羽が生えたように山頂へ飛んでいった。

光はやはり栗の木にかけた籠から放たれていた。矢も楯もたまらずに籠を開けてみると、白くて大きなたまごがきらきらと輝いていた。いつも食べる物がなくてひもじい思いをしていたテェロだったが、そのたまごを持ち帰り、後生大事に④瓢箪《ひょうたん》の器の中に収めた。

その後もテェロは請け負い仕事で、ほそぼそと生活を続けていたが、ある日、西の空が夕焼けで真っ赤に染まる頃、疲れ果てた体で帰ってみると、家中の光景に驚いた。

なんとしたことか、粗末な竹小屋の中はきれいに片付き、竈《かまど》のそばにあった竹卓の上には、ほかほかの料理が並んでいた。テェロは空腹のあまり、我を忘れて料理を平らげた。

そして、隣家のおばさんにことの次第を話し、何か知らないかと尋ねたところ、「嫁欲しさに幻《まぼろし》でも見たか」とからかわれた。

そして、同じことが二、三日続いて起きた。テェロは自ら真相を突き止めようと、仕事に出かけるふりをして、裏口から家に忍び込んで身を隠した。

どれほど経っただろうか、村が陽の光にすっぽり包まれた頃、たまごを入れた瓢箪から何かが動く気配がして、一人の娘が飛び降りてきた。熟《じゅく》した葡萄《ぶどう》のようなつぶらな瞳《ひとみ》をした美しい娘だった。

彼女は一とおりの家事を身も軽《かろ》やかに済《す》ませると、しなやかな体を門口《かどぐち》にもたせて、髪

③竹を組んだ高床式の粗末な建物。

④瓢箪に穴を開けてつくった容器。

懐《ふところ》をとかし始めた。テェロは瓢箪に忍び寄り、二つに割れたたまごの殻を取り出して、懐《ふところ》に入れた。そして、娘の頭から網をかけ、手首をしっかりつかんで言った。

「美しい⑤ミナヤウよ、ぼくは一文無しの孤児だけど、嫁になってくれないか」

ミナヤウは頭の網を上にめくってすぐに答えた。

「優しくて、よく働くあなたに心惹《ひ》かれました」

こうして、二人はめでたく夫婦になった。

しばらくすると、聡明で美しいミナヤウの噂《うわさ》が国中に知れ渡り、国王の耳にも入った。国王は金銀財宝を携え、選《え》りすぐりの精鋭を連れて、ミナヤウの家にやってきた。そして家臣に持ってきた物を並べさせて、テェロに言った。

「ミナヤウを譲《ゆず》ってくれれば、これは全部お前のものだ」

「あなた様は財宝のために、ご自分の妃《きさき》を人にお譲りになりますか」

テェロは激しい怒りを抑えて、質問に質問で返した。その間に、話を聞いた村の人々が長刀を手に、テェロの竹小屋を取り囲んだ。多勢に無勢で国王はとっさに一案を思いついた。

「ジノー人の習わしで決着をつけようではないか」

つまり、馬、牛、鶏と犬を闘わせて勝負しようというのである。家畜どころか虫の一匹も持たないテェロは戸惑った。

「お受けしましょう」

⑤ジノー族の言葉で、ミナは「若い娘」、ヤウは「たまご」の意味。

ミナヤウが家の中から出てきて、躊躇《ちゅうちょ》する夫に代わって答えた。すでに彼女の胸の中に対策が納まっていたのである。ミナヤウはテェロに、馬の餌《えさ》を準備して道端に置くように言った。

夕方になると、「来た、来た、来た」とミナヤウが言ったかと思うと、どこからかたいへん立派な黒馬が一頭現れた。翌日、この黒馬は村の老若男女が立ち会う下で、見事に国王の白馬を負《ま》かした。そして、残り三種の家畜もしかるべき方法で勝った。だが、国王は早くも次の計略を練っていた。お詫《わ》びと和解の意を表すためにと偽《いつわ》り、テェロを宮殿に招待した。

「何を企《たくら》んでいるか分かりません。絶対に卵料理を口にしてはいけません。くれぐれも肝に銘じてください」

夫が出発する間際、ミナヤウは再三再四念を押して言った。

宴会の食卓には、とびきりのご馳走が並んでいた。たまごの料理が見えなかったので、テェロは警戒心を緩めた。そして、肉団子を一つ口にした途端、ひどい目眩《めまい》がして気を失った。実は、国王は⑥モパイの占いによって、テェロ夫婦の致命的な弱点——どちらか一人がたまごを食べると、二人そろって昏睡《こんすい》状態になってしまうこと——を知り、国王は肉団子にたまごを混ぜ入れたのである。

翌朝、テェロは目を覚ますと、自分の竹小屋に寝かされていた。妻の姿はどこにも見当たらず、九本の尾を持つ飼い犬が悲しげにテェロを見上げていた。テェロが妻の居場所を

⑥ジノー族のシャーマン（祈祷師）のこと。

尋ねると頷《うなず》いてくれた。そして、テェロは犬に導かれて、妻を探しに出かけた。

が、あろう事か、河を一つ渡るごとに犬の尾が一本ずつ抜けた。とうとう九本の尾が全部抜けてしまい、犬は倒れて死んでしまった。

その時、一匹の鴉《からす》が現れ、途方に暮れたテェロに声をかけた。

「その犬の肉を食べさせてくれれば、ミナヤウの居場所を教えてあげるよ」

テェロは藁《わら》にもすがる思いで鴉の要求をのんだ。

ところが、鴉は犬の肉を腹いっぱい食べると、カーカーと鳴きながら翼を羽ばたいて飛び去った。これが、ジノー族が鴉を嫌う由縁《ゆえん》である。

しばらくすると、一匹の蠅《はえ》が飛んできて、落胆しているテェロに声をかけた。

「ミナヤウは遠いところに監禁されている。よく聞け、いいか。連れて行ってあげるから、はぐれないようにしっかりとついてきな。そして、わしが止まったところを必ずその手で触るのだ」

数日後、テェロは蠅に導かれて、大きな屋敷の前にたどり着いた。蠅が止まった扉に軽く触ると、扉がガラガラと音を立てて開いた。こうして、九つの扉を開けると、薄暗い燭台《しょくだい》の下で涙を流している妻の姿がテェロの目に飛び込んできた。あの日、気を失ったミナヤウは宮中に運ばれ結婚を迫られたが、頑《かたく》なに拒んだので監禁されたのだった。

テェロは早速二つに割れたたまごの殻《から》を妻に渡して言った。

「この殻さえあれば何でもできると、君がよく言っていたから、持ってきたのだ」

二人は王宮を抜け出し、古里へ向かって逃げたが、河一つ渡った時、国王の軍勢が追いついた。

「おとなしく戻ってくれれば、命は助けてやる。さもなければ、ばらばらにして殺すぞ」

対岸を埋め尽くした兵を見て、ミナヤウは意を決したかのように、夫にたまごの殻の半分を渡して言った。

「もはやこの世で生きる道はありません。天上へ行けばいいでしょう。あなたは太陽へ、わたしは月へ行くのです。天上では結婚は許されないので、三年に一度、こっそり会いましょう」

そして大声で対岸の兵士に呼びかけた。

「海が涸《か》れようと岩が砕けようと、わたしたちは決して屈しない」

「殺せ」という王様の一声で兵士たちが矢を放とうとした瞬間、何の前触れもなく川の水面から一陣の竜巻が立ち上った。そして、テェロ夫婦は再会を誓い合って竜巻とともに、それぞれ太陽と月へ飛び去っていった。それから日食や月食が起きると、ジノー族の人々は「パオツェ、パオツェ」と叫びながら、二人の再会を祈るようになった。これがパオツェ祭りの起こりである。

ジンポー族の民話

ディンラ兄弟

遠い昔、二人の兄弟がいた。兄のディンラ・カンは温厚で情が深いのにひきかえ、弟のディンラ・ロンは狡賢《ずるがしこ》い人物だった。兄が大抵のことは笑って受け入れたので、兄弟は仲良くやってこられたが、細々《ほそぼそ》と暮らしを立てるのが精一杯であった。

何とかこの苦境《くきょう》を抜け出そうと、ディンラ兄弟は最高の儀式とされる①ムナオを自《みずか》ら執《と》り行うことを決意した。二人は、早速、準備に取りかかり、必要なものを手早く揃《そろ》えたが、一つだけ容易に手に入れられないものがあった。②ムダイ鬼に捧げる生贄《いけにえ》の牛である。

その頃、ジンポー族はまだ牛を飼《か》うことを知らず、遠い所へ買いに行かなければならなかった。兄弟二人はあちこち探し回り、ようやくある村で牛を見つけ、それを引いて心う

①「万人踊り」を意味するジンポー族の言葉で、五穀豊穣と幸福を祈って行う最大の祭り。旧暦の一月十五日に行われる。

②ジンポー族の宗教で「天の鬼」または「太陽の神様」とされるもの。

きうきと家路についた。

ある日、二人は広蚌様《グアンボンヤン》という平野に来た。真昼の陽光がまるで焼き畑に燃《も》え盛《さか》る炎《ほのお》のようで、肌がヒリヒリと痛んだ。息が切れそうになり、牛も汗だくなので、ディンラ兄弟は近くの林でひと休みすることにした。二人は木陰に入り草の上に寝転《ねころ》んで、貪《むさぼ》るように草を食べる牛を見守っていた。ところが、連日の苦労が祟ったのか、横になった途端に、あっという間に眠ってしまった。どれほど経ったか分からないが、兄のカンが目覚めてみると、牛の姿がなくなっていた。カンは慌てて弟を叩き起こし、怒鳴《どな》る弟のロンをなだめて、牛を探すよう説得した。二人はいくつかの山や川を越え、日が暮れるまで必死になって探し回ったが、牛どころか獣の姿さえ見えなかった。

カンは弟の愚痴《ぐち》を聞きながら、肩を落としてしょんぼりと歩いていると、突然、一羽の鳥が手前の木の枝にとまった。カンはとっさに投石器を取り出し、土の弾丸を放った。鳥は弾に当たって落ちた。群れからはぐれた③トーバイリン鳥であった。二人は気休めにこの鳥を持って帰った。

生贄の牛がなくても、ムナオは計画どおりに行われ、牛の代わりにトーバイリン鳥が祭壇に供《そな》えられた。が、トーバイリン鳥の肉はムダイ鬼の鼻が曲《ま》がるほど強烈な臭《くさ》さだったようで、祭りの日、ムダイ鬼は手下の鬼に祭祀場《さいしじょう》の様子を見てくるように命じた。

「ディンラ兄弟がムダイを讃《たた》える祭りを厳《おごそ》かに催《もよお》しています」

③鳥の種類は不明。

ムダイ鬼は報告を受けると、ディンラ兄弟の信仰心にいたく感心し、二包《ふたつつ》みの種《たね》を授けた。ロンが兄の目を盗んで包《つつ》みを開いてみると、一つは④高粱《こうりゃん》の種で、もう一つは牛の角《つの》のかけらだった。

「芋《いも》や高粱、稲ならまだしも、牛の角のかけらを蒔《ま》いたところで、何が収穫できるというのか」

ロンは牛角の包みを兄に渡し、片方は自分の懐《ふところ》にしまって言った。

「せっかく種をいただいたのだから、別々の山で土地を開墾《かいこん》して蒔《ま》いてみよう」

種蒔きの季節になり、ディンラ兄弟はそれぞれ新しく開墾した畑に種を蒔いた。

花が咲き、草木が緑になり、さらに黄金色に変わった時、ロンは、今頃牛角のかけらが兄の畑で腐《くさ》り、土に戻っている光景を思い浮かべながら、兄に会いに行った。

「兄さん、おれが植えた作物はもうすぐ収穫できるが、兄さんのほうはどうだ」

すっかりばかにした口調だった。

「まあ、僕のも悪くはない。牛がいっぱい生えて、どれも肥《こ》えている」

ロンは屈託のない兄の笑顔が憎《にく》らしかった。

「あの牛角のかけらから牛が生まれるはずがない！」

だが、兄の畑に散らばる牛の姿を目の当たりにするなり、さっきまでニタニタとほくそ笑んでいた弟の顔がこわばった。ロンは激しい悔《くや》しさに襲われ、うなだれて山を下った。

④イネ科の植物。実から酒をつくることができる。「もろこし」とも言う。

「後悔したってどうにもならん。それよりあの牛を自分のものにすりゃいいんだ！」

ディンラ・ロンは開き直った。

翌日、一つの名案が、突如、浮かんだ。ロンは昼も夜も休まずに一袋の小麦粉を挽《ひ》き、深夜、それを担《かつ》いで兄の畑にやってきた。青白い月の光に照らされる中、ロンは黒牛の体を小麦粉で真っ白に塗りつぶし、夜が明けるのを待った。

朝になると、ロンはさも慌《あわ》てた様子で兄の家へ駆け込んだ。

「おれの畑の白牛が夕べ兄さんの畑に逃げたらしい。ほんとうか」

と言いながら、一も二もなく兄のカンを畑へ引っ張っていった。

カンは畑いっぱいに散らばる白牛に言葉を失い、ただ唖然《あぜん》とした。

「これは間違《まちが》いなくおれの白牛だ。兄さんの黒牛はどこかへ逃げたということかね」

骨身《ほねみ》を惜《お》しまず育てた黒牛は、影も形も消えてしまっていた。カンは突然の不運にうちのめされ、思わず天に向かって叫び、助けを求めた。

すると、晴天の空にたちまち雷《かみなり》が鳴り響《ひび》き黒雲が沸《わ》き立ったかと思うと、どしゃ降りの雨が降ってきた。たちまち牛の体に塗りつけられた小麦粉は洗い流され、白牛が黒牛に戻った。それでも、小麦粉が斑《まだら》に残った牛がいて、それが⑤三毛《みけ》牛の祖先になったという。

悪だくみがばれ、濡れ鼠《ねずみ》になった弟のロンは、大恥をかいて肩をすくめて帰っていった。

それでも弟のロンは懲《こ》りずに、再び、悪計《あっけい》を仕掛けてきた。

⑤白・黒・茶色の毛が混じった牛。

ある日、こっそり蜂蜜を兄嫁の頭に振りかけたのである。そのため、兄嫁は髪の毛がもつれ、いくらとかしても解《ほぐ》れなかった。それを機に、ロンは悪徳占い師を丸め込んで、「これは鬼の祟《たた》りで、鬼に生贄の牛肉を捧げなければならない」と言った。

兄のカンは今度も弟の言葉を真に受けた。だが、牛を一頭殺しても二頭殺しても、妻の髪の毛のもつれはとれなかった。なんとしてもその祟りをはらいたい一心で、カンは牛を殺し続け、畑でつくった牛はとうとうわずか数頭しか残っていなかった。

その時、カンは大事なことを忘れていたことに気づいた。

実は、ディンラ兄弟には三人の妹がいた。妹たちはそれぞれに他家へ嫁《とつ》いでいたので、カンの畑で牛をつくったという奇跡《きせき》はまだ妹たちに伝えていなかった。カンは、せめて一度、この貴重な牛肉を食べさせてやりたいと思った。この妹思いの優しさこそが残りの牛の命を救うことになった。

カンは、早速、三人の妹を家に招いた。レジャ家に嫁いだ末っ子の妹が一番賢《かしこ》くて、兄嫁の髪を見るなり、ディンラ・ロンの仕業《しわざ》であることを見抜いた。そして、すぐにお湯を沸かして、兄嫁の髪の毛を洗い、無理難題をみごとに解決した。

カンは危《あや》うく一難を逃れることができた。兄は助けてくれたお礼に、生き残った牛を妹にあげ，妹は牛たちを連れて帰って手塩《てしお》にかけて育てた。

こうして、ジンポー族の人々が家で牛を飼う習慣が始まったのである。

この牛たちこそ、ジンポー族の牛の祖先なのである。

そして、弟のディンラ・ロンは、度重《たびかさ》なる失敗にも懲《こ》りずに悪事を働き続けたあげく、嫉妬《しっと》と破壊しか知らない悪鬼《あっき》になったそうだ。

タイ族の民話

孔雀姫《くじゃくひめ》

三、四百年ほどの昔、①西双版納《シーサンパンナ》のモンハイというところがジョーモンハイという者の支配下にあった。彼は温厚なわりに気の弱い領主で、財産も権力もありながら、跡継ぎがいないことに心を痛めていた。

ある春の日の朝、待ち望んだ息子が奇跡のように誕生した。その子を②ジョーシュトンと名付け、目に入れても痛くないほど可愛がり育てた。息子は後にモンサワディンサというところで学問や武芸を学び、文武両道に精通した好青年に成長した。天の果てを飛ぶ鳥も野原を駆ける獣も彼の弓矢から逃れることはできなかった。その上、美男子の③ディバにも負けないほどの美しい顔立ちと透き通るように綺麗な声を兼ね備えていた。その風貌

①雲南省の南部、ラオス・ミャンマーと国境を接する地域。熱帯地域に属し、タイ族が多く暮らしている。

②タイ族語で「勇敢な王子」の意味。

③タイ族の神話に登場する美男子で、さまざまな呪術を操る。

に見惚れて釘付けにならない女性はいなかった。

しかるべき家の娘との結婚を望むジョーモンハイ家に、しばしば縁談話が持ち込まれてきたが、ジョーシュトンは決して「うん」と言わなかった。終生の伴侶として、賢くて美しい女性の姿を自ら描いていたからである。

ある日、彼は弓矢と刀を身につけ、④ニニマガのような馬に飛び乗って、心から愛せる女性を探す旅に出ることにした。

野を越え山を越え、国中を駆け回り、一人の誠実な猟師と出会い友達になった。ジョーシュトンは自分の気持ちを素直に打ち明けた。

「明けの明星がくっきりと見えるのに、運命の女性が見つからないのはなぜか」

「真の愛を信じる者同士は必ずや巡り合えるだろう。その心をしっかり持っていれば、地の底に埋まった泉も自ずから湧いてくれるのだ」

ジョーシュトンが頷くと、猟師は話を続けた。

「実は、近くにランスナという美しい湖がある。六日に一度、七人の美しい孔雀《くじゃく》姫が水浴びに飛んでくるのだ。艶《あで》やかで透き通った花のような女性たちでさ。とくに一番年下の子は⑤ナンデンアナのように匂い立つばかりの美貌の持ち主なのだ」

ジョーシュトンはその話に感激し、猟師と二人で湖の畔に身を隠して待ち伏せすることにした。

さわやかなそよ風が甘い香りを漂わせる昼過ぎのこと。まばゆいほどの玉虫色の光が湖

④空を飛ぶことができる駿馬
⑤タイ族の伝説に登場する一番美しい仙女。

面に広がり、さざ波に照り返って、えも言われぬほどの美さだった。七羽の孔雀が遠くから飛んできて、軽やかにランシナ湖の畔に舞い降りた。そして、孔雀の羽衣《はごろも》を脱ぎ、若い娘に変身すると、はしゃぎながら水に滑り込んだ。

沐浴《もくよく》した後、彼女たちは再び孔雀の羽衣を羽織り、しなやかに舞い始めたが、七女のランローラの踊る姿はとりわけ美しかった。

ジョーシュトンと猟師はその光景に心を奪われてしまった。気づいた時には、女性たちはすでに西の空へ飛び去っていた。茜《あかね》色の空に小さくなった七つの黒い影を見守っているうちに、ジョーシュトンは失望と悔しさで胸がいっぱいになった。

「五日すれば、また来る。その時、彼女の孔雀《くじゃく》の羽衣《はごろも》をどこかに隠し、引き止めて話をすればいいさ」

猟師は友人の胸の内を見通したかのように言った。

そして、孔雀姫が次に沐浴に現れた時、ジョーシュトンは七女ランローラの羽衣を隠した。姉たちが羽衣をなくした妹に「背中に乗せて飛び帰ろう」と言った。

彼は思わず声を漏らした。

「行かないで!」

姉たちは驚いて飛び去ってしまった。取り残されたランローラは花の茂みに身を隠し、あたりの様子をうかがった。しばらく何ごともないので、羽衣を探し始めると、悪戯《いたずら》なリスの笑い声が聞こえた。

「リスちゃん、わたしの羽衣はどこに隠されたのか、教えてくださいよ」

と聞いてみると、リスはジョーシュトンが身を隠している場所を尻尾で示して立ち去った。

とその時、空高く舞っていた一羽の鳶《とび》が、真っ逆さまにランローラの足元に落ちてきた。寸分の狂いもなく心臓を射止められていた。「当たったか」という男の声にランローラが振り返った瞬間、ジョーシュトンと目が合い、その美しい瞳に吸い込まれそうになった。

「お見事です！」

ランローラは慌てて目をそらした。

「君の匂い立つ香りは千里離れていても分かるでしょう。君という花を摘む者がまだいなければ幸いですが……」

「蕾をつけた時も花を咲かせた時も、ひたすら下を向いたままです。心を寄せてくれる人も水をかけれくれる人もいません」

こうして気持ちが通い合い、二人は契りを交わした。そしてその証しとして、ジョーシュトンは宝石の指輪を孔雀姫の小指につけてあげた。ランローラはそのお返しに、思いの人が映るという魔法の宝石を贈った。ジョーシュトンは心から愛する孔雀姫を連れて家に帰った。

ランローラはモンザンハの魔王ピヤの七番目の娘であった。ジョーモンハイにしてみれば、氏素性の分からない娘に過ぎず、それを嫁に迎えるのは気が進まなかった。しかし、息子の深い思いには勝てず、二人の結婚をしぶしぶながら認めた。こうして幸せな結婚生活が始まった。

そんな最中、他所の支配者が軍勢を率いて攻めてきた。ジョーシュトンは一晩妻といろいろ対策を相談した結果、自ら兵馬を引いて敵軍を迎え撃つことにした。

ところが、ジョーシュトンが敵に敗れて退却している、との知らせが毎日のように届いた。間もなく戦火がこの城まで迫ってくる！

ジョーモンハイは慌てて占い師のアーザンロンに吉凶を占わせた。ジョーシュトン夫婦の策略を知らない占い師は自分の役目を果たすために、不幸な原因を孔雀姫になすりつけることにした。

「ランローラは妖怪の一味で、すべての災難と不幸は彼女の仕業《しわざ》なのだ。このものを生かしておいては、モンハイの敗戦はもはや免《まぬが》れません」

ジョーモンハイは占い師の話にとりつかれたように、息子の嫁を処刑するよう命じた。無実の罪を負われたランローラは処刑場に引き出され、刺繍が施された絹の衣裳も厄払いと称して、ことごとく燃やされてしまった。ランローラは二度と最愛の夫に会えないことを悲しみながら、急場を凌ぐ術《すべ》を考えた。

「最後に孔雀の舞を舞わさせてください」

ここに至ってジョーモンハイは彼女を不憫《ふびん》に思い、その願いを許した。

ランローラは孔雀の羽衣を身にまとってゆっくりと舞い始めた。軽やかに踊る彼女の動きに合せて羽衣が舞い上がり、処刑場はたちまち美しい光に包み込まれ、処刑人はその光景に圧倒され、思わず刀を落としてしまった。ランローラは孔雀の姿に身を変え、後ろ髪を引かれるように飛び去って行った。

戦は勝敗を決する瀬戸際にあった。ジョーシュトンは逃げるふりをして、敵を瓢箪谷《ひょうたんだに》の罠に誘い込み一網打尽にした。これこそランローラが練った計略であった。

ジョーモンハイは息子のために盛大な祝いの宴を張った。

「すべてランローラの手柄なのです。彼女が敵を撃退する策略を考え付いたのです」

と、ジョーシュトンが誇らしげに言うと、会場は静まり返り、皆の顔が曇った。妻の身に何か良からぬことがあったのか、ジョーシュトンはこのただならない空気に不安を抱いた。

ジョーモンハイは途切れ途切れに、ことの一部始終を息子に伝えた。

ジョーシュトンにとってはまさしく青天の霹靂《へきれき》であった。彼は妻からもらった魔法の宝石でその行方を確かめ、馬に拍車を当てて、ランローラの実家に向って飛んでいった。

昼夜を分たず蹄《ひずめ》を鳴らしたため、馬は疲れ果てて倒れた。ジョーシュトンは徒歩でランシナ湖の畔にたどり着いた。青空の下、時折そよ風が水面をよぎり、さざ波が立った。あの時と変わらない景色であった。ジョーシュトンは思わず重い足を投げ出して坐り込んだ。

人心地がついたころ、仙人のパラシが姿を現し、彼にランローラから預かった腕輪を渡し、

「自分を探す旅は前途多難で危ないからやめてほしい」

という妻の言葉を伝えた。

「モンザンハまでの道のりは死と隣合わせだ。それに魔王ピヤはあなたを許すとは思えないのだ」

パラシもジョーシュトンを引き止めた。しかし、彼は妻に会うためならば命を惜しまない、と決して諦めようとしなかった。パラシは彼の真心に感激し、道案内の猿のほかに、刀、弓、ハサミなどの魔法の品々を与えた。心強くなったジョーシュトンは、再び妻探しの旅に出た。

最初の難関は、荒波が立つ流沙河《るさがわ》であった。土砂か水か分からないものが凄まじい勢いで流れていた。泳いでも船でも渡りようがない。

「たかが河一つで挫《くじ》けるものか！」

ジョーシュトンはパラシからもらった刀を手にして、やり場のない怒りを河にぶつけるかのように河に切り込んだ、が、力を出しすぎて刀を河に落としてしまった。すると、突然、河の中から大きな大蛇が姿を現し、その体で浮橋をつくってくれた。

数日後、雲を突き抜けるようにそびえ立つ山が行く手に立ちはだかった。唯一通れそうな谷間が、開いたり閉じたりしていた。無理矢理通ろうものなら、きっと押し潰される。ジョーシュトンはパラシにもらった弓をいっぱいに引き絞り、谷間が開いた隙を狙って矢を放った。すると、その矢が閉じかけた山の間にすっぽりとつかえて、山は動きを止めた。その間隙を縫い、彼は猿を連れて素早く谷を通り抜けた。

また何日か経ち、彼らは寒々とした、気味の悪い原始の森にたどり着いた。そこは人食いの怪鳥マハシリリンの縄張りだった。ジョーシュトンは急に激しい疲労感に襲われたので猿を大きな木に繋ぎ、その木にのぼって眠った。

間もなくして、一陣の風と共に怪鳥が雌鳥を連れて巣に戻ってきた。

雄鳥は東、雌鳥は西の未来の出来事を占って知ることができるという。

「あんたの占いはよく当たるのよね。ならジョーシュトンとやらはどこなのよ。ランローラはとうの昔にピヤに監禁されているから、そいつが来たところで無駄なのだ」

雌鳥が皮肉じみた口調で言うと、雄鳥はすかさず言い返した。

「お前はバカだねぇ。だからこそジョーシュトンってやつは必ず来るのさ。流沙河や山谷を通った時間をもとに計算すれば､遅くても今夜だ。腹を空かせて待とう。おやっ、変な臭いがするな」

あろうことか、怪鳥の巣はジョーシュトンが寝ている枝の真上にあった。彼らは巣から飛び降りると猿を見つけて食い殺した。

「これがお前のいう『東から来る人』か。明日ピヤは牛や馬をこれでもかというほど殺すそうだ。様子を見に行こう。早く寝よっと」

雄鳥は仲間をからかうように言い放つと、巣に戻り眠った。

間もなくして怪鳥たちの鼾《いびき》が聞こえてきた。ジョーシュトンはその巣に忍び込み、ハサミで人間よりも太いマハシリリンの羽に穴をあけて、中に身を隠した。

翌日、ジョーシュトンは怪鳥と共に魔王の城に入り、最愛の妻ランローラを連れてモンハイに戻り幸せに暮らした。

水かけ祭りの伝説

昔々、山の奥にパンツャーコムという悪魔が住んでいた。どんな物をもってしても倒すことができない不死身で、魔法を使って我がもの顔に振るまっていた。思うままに周囲の村を襲い悪事の限りを尽くしたあげく、七人の美しい娘を無理矢理に奪い去り、自分の妻にした。

ある時、傍若無人に悪事をはたらくこの悪魔に、村一番の力持ちの若者が剣を手に立ち向かい、悪魔の体に突き刺したが、返り血を浴びて体が腐り、死んでしまった。それ以来、村人はますます悪魔を恐れて、近づくことができなかった。

悪魔にさらわれた七人の娘の中に、ナンゾンブという聡明で美しい娘がいた。

ナンゾンブは月も霞むばかりの美貌の持ち主で、悪魔から絶大な寵愛を受けていたが、何よりすごいことに、悪行の限りを尽くす悪魔を自分の力で何とかしようと考えていたのである。

①六月のある日、人間の世界では晦日《みそか》にあたる日に、悪魔はナンゾンブのために、宮殿で新年を祝う宴会を開いた。

お酌回りが三度行われ、悪魔も手下たちもほろ酔い機嫌になった時、ナンゾンブはお愛想をふりまきながら言った。

「殿様のように偉大な魔法使いで、優れた人格者はございません。その権威をもってすれば、天国、地獄、人間の三界を司るのは当たり前のことでございましょう」

魔王は最愛の妻の言葉に舞い上がり、

「確かにおれには三界を牛耳るのも朝飯前だ。だがなあ、実はおれにも誰にも知らてはならない命の急所ってやつがあるんだ」

とつい口を滑らせてしまった。

「殿様ほどの魔法使いに、弱点があるとは信じられませんわ！」

ナンゾンブが鼻にかかった甘い声で詰め寄ると、魔王は初めて見る妻の媚態に骨抜きになり、最大の秘密をもらしてしまった。

ナンゾンブはほろ酔い加減の魔王に、あの手この手を使って、お酒をしこたまのませて眠らせた。

そして、そっと悪魔の髪を一本引き抜き、その首に巻きつけると、力いっぱいに引っ張った。すると、悪魔は両眼を剥いて雄叫《おたけ》びを上げて苦しみ、首が体から切り離され、大量の

①タイ族の暦で六月十五日（西暦四月初旬）頃がお正月とされる。

血が飛び散った。不思議なことに、地面に落ちた一つ一つの血玉が火の玉となってボウボウと燃え上がり、たちまち広がっていった。

とっさのことに慌てたナンゾンブはその頭を持ち上げた。

すると、メラメラと燃え上がる火が一瞬にして消えた。

「魔王の頭が地につくと、大火事が起こる！」

それを避けるために、七人の娘は交替で四六時中その頭を持っていることにした。

だが、それでは魔王の血で七人の娘の体が腐ってしまう。村人は、娘たちに水をかけて魔王の血を流し落とした。おかげで七人の娘は体が腐ることなく、村人に尊敬され幸せに長生きしたという。

これが起源となって、タイ族の人々は六月のこの日を新年の始まりとして、互いに水をかけ合って身体を清め、祝福するようになったという。

①ピーパー鬼の伝説

はるか昔、②モンバラナシ王国に二人の王子がいた。兄はハンボーといい、弟はハンシャンといった。王様は二人の息子をとても可愛がり、虎のように勇ましく有能であるように望んでいた。

ある日、王様は二人の息子を呼んで、

「モンバラナシの王子として、そして、お前たちの将来と国の栄光のために、古い③モンシラへ知識と技術を習いに行きなさい。三年後、学問と実力によって、どちらが王位を継ぐか決める」

と言い渡した。

翌日、二人は父親の指示に従って十分な費用を持ち、馬に乗って、はるか遠いモンシラへ出発した。

早くも三年が経ち、二人はそれぞれ知識と力を身につけ、故郷へ向かった。

途中、森の中で死んだ鹿を見つけ、ハンボーが弟に言った。

①タイ族の言葉で、疫病や災害をもたらすものとされ、取り憑かれるとピーパー鬼に変わるので、追放・焼き殺しなど厳しい罰則が設けられていた。

②現在の景洪。「モン」は国・城を意味するタイ族の言葉。「バラナシ」はパーリ語（南伝上座部仏教の経典で主に使われる言葉）。

③地名。タイ族の言葉で、「光の城」を意味する。

「腕試しをしてみないか。おのれの魂と心を体から離し、鹿の体に入れて生き返らせてみよう」

弟のハンシャンが二つ返事で承諾すると、ハンボーはさらに付け加えた。

「ただし、鹿が生き返って逃げようとする時、おれを呼び覚ましてくれ。さもないとおれは永遠に鹿のままになり、二度と家に帰れなくなるのだ」

「兄上、安心してやってみてください」

そして、ハンボーは早速、自分の肉身《にくしん》を脱いで地面に置き、魂を死んだ鹿の体に入れた。するると、鹿が目を開け、ハンシャンを見るなり逃げようとした。

その時、ハンシャンは引き止めて叫んだ。

「兄上、行かないで」

ハンボーは弟の一言で我に返り、鹿の体から抜け出して、自分の肉身に戻った。一旦生き返った鹿はまた生気を失った。二人はふたたび帰途についた。

すると今度は、ハンボーが死んだキジバトを見つけ、弟が言った。

「兄上、この鳥を使って、わたしにも腕を試させてください。キジバトが蘇《よみがえ》り、飛んでいこうとする時、わたしを呼び覚ましてください」

「絶対お前をキジバトのまま飛ばせはしないから、安心しろ」

ハンボーは一も二もなく承諾した。ハンシャンは兄と同じように、肉身を脱ぎ、魂と心をキジバトの体に入れた。

ところが、死んだキジバトが目を開け飛び立とうとした時、ハンボーはそれを引き止めるどころか、そのまま追い払ってしまった。その上、弟の魂が永遠に戻れないように、その肉身を千々に切り刻んでしまった。王位継承者として知識も才能も自分より優れた弟を恐れ、この罠を仕掛けたのだった。

一人国へ帰ったハンボーは、弟が帰り道で疫病にかかって死んだと王様に告げた。それを真に受けた王様はあまりに驚き、玉座から崩れ落ちるところだった。弟ハンシャンの妻は身も世もなく泣き崩れた。しばらくして、ハンボーは王位を継いだ上、弟の妻まで自分のものにした。

一方、キジバトになったハンシャンは、すべてのことを忘れて、森の中で楽しく暮らしていた。

ある日、ハンシャンは川へ水を飲みに行くと、川面に映った自分の姿を見て、自分がキジバトになっていることを初めて悟った。人間の姿に戻ろうと、早々にあの山道へ兄を探しに行ったが、腐りかけた自分の肉身しか見つからなかった。もはや人間の姿に戻ることは不可能だ！　ハンシャンは思わず悔し涙を流した。こういう時こそ、故郷や家族のことが恋しくなるもので、ハンシャンは翼を羽ばたかせて、モンバラナシの王宮へ飛んでいった。

ハンシャンは森を越え、果てしない海を飛び越え、故郷に着いた。宮廷の屋根に止まり、父親や妻の名を呼んでみたが、グーグーという音しか出せなかった。そして、不幸にもその鳴き声が兄の耳に先に入ってしまった。脛《すね》に傷を持つ兄は悪事が発覚することを恐れて、矢を放ってキジバトを射殺《いころ》した。

ハンシャンは再び肉身を失ってしまったが、魂はまだ生きていた。兄の所業をみて、自分は兄の罠にかかって殺されたということを確信した。ハンシャンは仇を討ち、恨みを晴らすことを決心した。

その夜、ハンシャンは熟睡している兄の体に自分の魂と心をそっと入れた。すると、翌日ハンボーは泣いたり笑ったりして、気がふれたようになった。わけの分からないことを口走り、王宮から村へ、村からお寺へと駆け回った。

「おれはピーパー鬼だ。おれはピーパー鬼だ。鶏《にわとり》を食いたい、人の心を食いたい、人の血をのみたい。おれは火が怖い。おれは狼《おおかみ》の牙《きば》が怖い……」

ハンボーが鶏を生きたまま食べたり、人を捕まえては噛みつくので、国中が恐怖に陥った。王様はせめてもの体面を保つために、ハンボーの後継者としての資格を取り消した上、ハンボーが息子であることを口外してはならないと箝口令《かんこうれい》を敷いた。

おかしくなったハンボーは人々の憎悪の的《まと》となり追い払われ、狼の牙で刺されたりして、あちこちを逃げ回った末、ついに森に姿を消した。

それ以来、マラリアや熱で我を失ったり、正気をなくした人がいると、王様や祈祷師は「ピーパー鬼に心を奪われたものはピーパー鬼になる」と言い渡し、人々は「ピーパー鬼を退治する！」と言って、たいまつと狼の牙を持って、そのような人たちを追い払うようになった。こうしてピーパー鬼の信仰が広がったという。

アイグンハンと飛べなくなった稲

昔、稲は話すことも飛ぶこともできたという。しかも、その実は冬瓜《とうがん》ほどに大きくて、稲穂の長さは数尺になるほどだった。種を蒔《ま》き、収穫するまでしっかりと手入れをしてやれば、刈り入れの時期には、稲は自ら倉庫に飛んできたそうだ。

その頃、アイグンハンという男がいた。

男は一度稲の種を蒔《ま》いたきり、水や肥料をやるどころか、二度と田んぼに足を運ぶことがなかった。収穫の季節になると、村の人たちが米倉つくりにきりきり舞いするのを尻目に、のうのうと寝転《ねころ》んでいた。

ある日、アイグンハンはやっとのことで重い腰をあげて、米倉つくりにとりかかった。すると、示し合わせかのように稲たちが一斉に田んぼから飛んできた。なのに、

「倉はまだできてないから、とりあえず田んぼに戻って待ってろ」

と言われて、稲たちはしぶしぶ引き返した。

翌日、昼餉時《ひるげどき》になってようやく寝床《ねどこ》を離れたアイグンハンが、のそのそと一本の柱を立てたところに、稲たちが再び飛んできて、

「ご主人様、これ以上待たされると実が熟れて落ちてしまいますよ」

と急き立てると、アイグンハンは鼻先であしらうように告げた。

「稲ちゃんよ、おれの身にもなってみろ。倉を建ててやるために、おれは寝る間も削っているのだ。とにかく田んぼに戻って待ってろ。明日なら何とかなる」

稲たちは今度こそはと思いつつ、田んぼに帰った。

ところが、翌日の夕方、再び様子を見に行くと、アイグンハンは建てかけの倉をほったらかしにして、柱にもたれてぐうぐうと眠っていた。

待ちきれなくなった稲たちはとうとう爆発した。

「ご主人様、尻に火がついているというのに、よくも寝られたものですね。いつになったら倉はできるのですか。「紺屋《こんや》の明後日《あさって》」じゃ困りますよ！」

痛いところを突かれたアイグンハンは逆上し、手当たり次第に棒を拾い上げては稲たちを叩《たた》きつけた。冬瓜並みに大きかった稲粒はたちまち細かく砕《くだ》け、激しい痛みに堪《た》えながら、這々《ほうほう》の体《てい》で田んぼに戻ったが、二度と飛ぶことはできなくなった。

翌日、倉ができ上がった。ところが稲たちがこないのでアイグンハンは意固地になり、あえて田んぼの様子を見に行かず、家に戻ってふて寝した。

その翌日、激しいひもじさで目が覚め、何かつくって腹ごしらえをしようと、米籠の蓋を開けてみると、籠の底はついていた。慌《あわ》てて米倉へ飛んで行ってみると、稲たちは来ていなかった。

「しまった！　奴ら、叩かれてまだすねてるんだ！」

と思いながら、アイグンハンは空きっ腹を抱えて再び寝ることにした。

三日目になり、アイグンハンはとうとう我慢できなくなって、水でも飲んでごまかそうと起き上がったところ、体に力が入らず、ひどい眩暈《めまい》がした。

アイグンハンは、ここに至ってようやく、生きるには食べ物が一日たりとも欠かせないことを思い知らされ、悪い行いを改め、百姓として真面目に生きることに決めた。

そして、一旦腹を括《くく》ったのだからと、アイグンハンはひもじさも怠《なま》け癖《ぐせ》も吹き払って立ち上がり、鎌と籠を持って田んぼへ向かい、砕けた稲を一房ずつ拾い集めて、せっせと米倉へ運んだ。

それ以来、稲は話すことも飛ぶこともできなくなったが、村の人々は男のことを①アイグンハンではなく、②アイグンカンと呼ぶようになったそうだ。

①タイ族の言葉で「怠け者」の意味。
②タイ族の言葉で「働き者」の意味。

トールン族の民話

洪水氾濫
――トールン族の起源神話

昔、地上に人間はいなかった。

ある日、①ガムが②ムダイロンガというところで人間をつくることにした。ムダイロンガは果てしなく大きな一枚岩のようなところである。ガムは素手で岩を擦《こす》って粉を取り、それを丁寧にこねて粘土をつくり、、まず初めに男をつくった。次の人形をつくる時、うっかりして下半身にヒビ割れが入ってしまったので、女にした。それから、二体の粘土人形に向けて一息を吹きかけると、二人の体に血が巡らされ、口の形を刻むと、言葉をしゃべるようになった。

さらに、ガムは彼らに農作業や子どものつくり方を教え込んだ。男より女のほうがのみ

①天上の神様の一人で、ガミガシャとも呼ばれる。
②トールン族の神話で天上の神様がいるところ。

込みが早かった。なぜなら、ガムが女の肋骨《ろっこつ》に多めに粘土を足したからである。こうして徐々に人口が増えた。

どのぐらい経ったか、人間の世界に鬼が現れ、悪事を働くようになった。鬼は歩けないので、いつも人間の背中に這いつくばるようにして、蚊や蛭《ひる》に噛まれてできた傷口から血を吸い取った。さらに、人間の家に忍び込んでは、子どもを食い殺したりした。そのため人間はすっかり痩せ衰えて、子どもをつくる力も弱くなった。それと引き換えに、鬼はますます体が丈夫になり、子孫が繁栄してきた。しかも、人間にも殺人、強盗、誘拐などの悪事を働くものが現れ、神様のガムはとうとう我慢の限界に達し、人間をつくり直そうと決意した。

しばらく雨が降ると、山中に茸《きのこ》が生えてきた。野原は茸狩りの人々でにぎわった。皆すぐ籠いっぱいに茸を拾って帰ったが、ある二人の兄妹はなぜかなかなか籠を満たすことができなくて、茸探しに夢中になっているうちに、③カワカボの頂上に来てしまった。

我に返って山の下を振り返ってみると、洪水がすべてを覆い尽くし、凄まじい勢いで頂上へ迫ってきていた。

頂上に閉じ込められた二人は、ほかの生存者を探して一つの洞窟の前にやって来た。そこには二匹の蛇がとぐろを巻き、その近くに二頭の虎がうずくまっていた。木の枝には三対の渡り鳥がとまり、二頭の④キョンが洪水の中を泳いでいた。

③高黎貢山の最高峰で標高は五千メートルを越える。

④犬に似た吠え声を出すシカ科の動物。

二人は恐る恐る木切れで蛇を洪水の中に追い払おうとすると、蛇が次のように言った。

「我々もガムが生かしてくれたものです。洪水に追いやらないでください」

こうして、二人はこれらの動物たちとこの山の頂上でともに生活することになった。洪水に閉ざされた山の頂上で食べ物を見つけることは難しかったが、キョンが水に流されてきた野獣の死体を引き上げ、当面の食糧にありつくことができた。火がないので、生の肉が食べられない妹のために、兄は肉の塊《かたまり》を切り裂いて干物をつくった。

しばらくして洪水が収まり、ぬかるみの土地が乾いて固くなると、兄妹二人は山を下りた。二人は洪水に荒らされた後の光景にたじろぎながらも、二手に分かれて生き残った人を探すことにした。いつまた会えるか分からないので、二人は再会した時に互いに確認し合えるように、櫛を二つに割って割符《わりふ》をつくり、それぞれ片方を持って出発した。

兄は東へ、妹は西へ、行けるだけのところをくまなく回ってみたが、数年経っても、誰一人見つからなかった。出発した場所に戻った時、新しく生えた⑤五倍子《ふし》の木が腰回りほどの太さになっていた。立派な大人に成長した二人は櫛の割符を合わせて、抱き合ってひとしきり涙を流した。

その夜、それぞれ寝床をつくって休んだ。ところが不思議なことに、翌朝目覚めてみると、二人は寄り添って寝ていた。次の夜、寝床の間に大きな壁を建てて寝たが、朝目覚めると同じ状況だった。これは天意にかなった証しだろうか。その確証を得るために、二人はガムに向かって大きな願い事を語ってみた。

「神様のガムよ、地上にわれわれ兄妹二人しか人間はいなくなりました。もし子孫をつ

⑤ヌルデの別名。ウルシ科の落葉小木。

くるためにわたしたちを生かしてくださったのなら、この石板に流す水を九つに分けて、九本の川をつくってください」

二人は竹筒の水を石板にそっと流してみた。するとその水が九つに分かれ、あっという間に水かさを増して九本の大きな川に変わった。神様のお示しだと悟り、二人は夫婦として暮らし、九男九女の子どもを産んだ。

ガムは今度こそ人間と鬼を隔離させたものの、兄弟たちの間で喧嘩や揉め事が絶えず、新たな問題が起きた。一番年上で有能な長男は力ずくでも統領になりたがるようになり、とうとうある日、彼は弓の勝負で統領を決めると言い出し、的を外した者には死んでもらうという残酷な条件を付けた。

肉親兄弟の争いがここまで深刻になった！

そこで母親は、十八人の兄弟を男女一人ずつ九組に分けて、九本の川の流域をそれぞれの領地として与えた。

長男と長女は日の出の方角にある金沙江流域をもらい、漢族になった。

次男と次女は日の沈む方角にある⑥マリハカ川流域をもらい、その地の原住民になった。

三男と三女は独龍江流域を与えられて、トールン族となった。

四男と四女は⑦メンニヤンゴを与えられ、アフ族となった。

五男と五女は⑧ラダゴ地方を領有し、ゴラ族となった。

⑥チベット東南部の氷河に源を発する川。雲南省内では独龍江と呼ばれ、ミャンマーではマリハカ川と呼ばれる。

⑦トールン族でミャンマーのヤンゴンを指す言葉。

⑧中国とミャンマーの国境でミャンマー側を指す言葉。

末っ子の兄妹は怒江流域を領有して、ヌー族となった。

残りの三組の兄妹もそれぞれ領地を授かり、それぞれの地方の民族となったが、聡明で有能な長男と長女は平らで広い盆地を治めることになったので国の力が上がり、九本の川の流域を支配することになった。

マリハカ川流域に入った次男と次女は、大きな山と川ばかりの土地であったがゆえに貧しく、人口が増えず、ついに消息が絶えてしまった。

独龍江流域に根を下ろした三男と三女は狩猟と採集の生活を営み、子孫を繁栄させた。後に、彼らの子孫は⑨モンライド地方に渡り、錬鉄や長刀を鍛える技術を学んで焼き畑を取り入れてから、徐々に人口が増えたという。

⑨独龍江下流地域で現在のミャンマー領の地域。

天と地の分離

昔、天と地はつながっていた。人々は①ムカムダンムという聖地で九段の梯子《はしご》を立てかけて、天と地の間を自由自在に往来していた。

ある日、ガムという男が天上に登ろうと、梯子の下にやってきた。彼は足首に赤、青、黒と色鮮やかな籐《とう》で編んだ足輪をしていた。そこに通りすがった一匹の蟻《あり》がその足輪を見ると、目をきらきらさせて、「それ、譲ってくれないか」と申し入れた。するとガムは蟻の細い足をちらと見て、「人間の足輪は君に似合わないよ」と言って、梯子を登っていった。冷たく突き放された蟻は腹を立て、「お前なんかずっと天上に閉じ込められていればいいい！」と歯軋《はぎし》りをした。

その日の夜、蟻はひたすら梯子の脚を噛み切り始めた。しばらくして、ドカンと大きな音がしたかと思うと、天は梯子から切り離されて上へあがって行き、地は梯子に突かれて大きな穴が開いてしまった。その穴の跡は今でもムカムダンムにあり、家屋敷ほどに大きな穴の底から、水の流れる音が聞こえる。

①トールン族の神話に頻繁に登場する地名。トールン族の始祖が住んだ場所とされ、現在の独龍江流域にあたると思われる。

一方、天上を心うきうきと散策していたガムは、突然の大きな物音にびっくり仰天した。それと同時に、足元が急上昇し始め、振り返ると梯子は消えて地が遠ざかっていた。突然の出来事に一瞬面食らったが、とっさに対策を思いついた。世界一背の高い龍竹《りゅうちく》に助けを求めることにした。

「龍竹さん、腰を伸ばして僕をおろしてもらえないか」

龍竹はガムの声を聞き、シャンと腰を伸ばしてみたが届かなかった。そこで、彼は長い籐に懇願してみた。

「籐さんよ、蔓《つる》を縦《たて》に伸ばして僕をおろしてもらえないか」

籐はガムを助けようと長い蔓をありったけ伸ばしてみたが、やはりだめだった。

それ以来、ガムは天上で暮らすことになった。彼は昔の生活を懐かしみながら、地上の農作物を見守ることにした。

その恩恵を受けた地上の人々はガムに感謝して、毎年収穫の後、彼に食糧を届けてあげた。そして、棒の先にトウモロコシを突き刺して地面に立て、さらにその棒に鶏《にわとり》をつないで、村の長老が祝詞《のりと》を捧げた。

「わたしどもを慈しむ天上の神様ガムよ、感謝の心をこめて食糧を差し上げましょう。毎年の五穀豊穣《ごこくほうじょう》を見守ってくださいますようお祈りします」

それはトールン族が天の神様を祀る儀式の始まりとなったという。

猟師が太陽を射《い》落とした

昔、空に太陽が二つあった。いつも肩を並べて空に現れるので、灼熱の太陽の光に晒《さら》された大地は暖炉のように熱かった。草木は枯れ、子どもたちは陽に焼けて死んだ。人びとは悲しみ泣き叫び、世の中はどこも惨《むご》たらしい光景であった。

ある時、一人の凄腕《すごうで》の猟師が現れた。人々が苦しんでいるのを見かねて、心中の怒りを抑えることができなくなり、大弓で憎らしい太陽を射落とそうと決めた。

猟師は大弓を手にして山の頂上へ登り、一つの太陽に向けてビュッと矢を放った。矢は的にずばりと命中した。射止められた太陽はガラッと大きな音を立てて谷へ転がり落ちた。ところがなんと、二つの太陽は雄雌一対をなしており、落とされたのは雄であった。雌の太陽はとても不安になり、慌てて山の後ろに身を隠した。

すると瞬く間に、大地は一面真っ暗闇になった。人びとは恐ろしくて畑に行くこともできなくなり、家にいても化け物に襲われはしないかと恐怖におののくばかりだった。こんな状態が九日も続き、人々はもはや生きていけないと絶望的になった。

十日目になって、ようやく東のほうから一筋のかすかな光が放たれたものの、太陽はついに顔を出さなかった。

太陽がなければ生きていけない！

人びとはなんとしても太陽を取り戻さなければならないのだ！　いろいろと相談した結果、雄鶏《おんどり》を一羽連れてきて、太陽を誘い出すように頼んだ。その雄鶏は丘に立ち、光のほうに向かって、

「お日様、お日様よ、小さな耳飾りをお授けくださいませんか」

と話しかけてみた。すると、空から緑色の小さな耳飾りが落ちてきた。

雄鶏は耳飾りを着けて、ふたたび光のほうに向かって呼びかけた。

「お日様、お日様、ありがとうございます！　これからわたしは毎朝三回啼《な》きます。わたしの啼き声をお聞きになったら、山の向こうからお顔を見せていただけませんか」

言い終わると雄鶏は、一つ咳払いをして羽ばたきをした後、悠々と空に向かって三回啼いた。間もなくして、赤々とした日輪が山の向こうからゆらゆらと昇ってきた。

猟師に射落とされた雄の太陽はというと、矢が目に突き刺さり見えなくなったため、月になったという。

以来、太陽と月は昼と夜に入れ替わり現れるようになった。そして、太陽を射落とした猟師の魂は月に昇ったという。今、月に見える黒い影は月の上を散歩する猟師の姿だそうだ。

三つの星座

①独龍江の両岸は四季を通じて、うっそうと茂る棕櫚《しゅろ》や金明竹《きんめいちく》の竹林に覆われ、至るところに椿《つばき》や躑躅《つつじ》の花が咲き乱れ、とても美しい。

大昔、一匹の象が現れ、景色に魅かれたのか宝物を探すためかは分からないが、川岸沿いにさまようこと数年に及んだという。そして、象がよく足を運ぶロンリラガ山の麓にニタイという名の美しい娘がいた。彼女は山菜採りや果物狩り、水汲み、機織りなど、どんなことでもこなす働き者であった。

ある夏、ニタイは遠いところへ筍《たけのこ》を採りに出かけた。陽が西へ傾き、背中の籠がみずみずしい筍で満たされた時、彼女はからからに乾いた喉を潤そうと、あちこち水を探して回ったが、見つからなかった。諦めかけた時、象の足跡と思われる穴にきれいな水が溜まっているのを見つけた。人の影が映るほど透き通った水だった。ニタイははずむ心を抑えながら、羽織った毛布で手を拭き、その水をすくい上げて思いきり喉に流し込んだ。

それからしばらくして、ニタイの体に異変が生じ、お腹が膨らんできた。それは村でも噂になり、あれこれと陰口を叩かれるようになった。

①中国チベット自治区に源を発し、雲南省北部を経てミャンマーへ流れる川。

「みっともないわ、嫁行き前の娘が身籠るなんて」

「あんな淫らな女は川に投げ込んで、魚の餌にすりゃいい」

両親も親友もニタイ自身も、そのことで散々悩まされたが、どうしようもなかった。五か月後、信じ難いことに男の子が生まれた。ニタイは世間の噂を気にせず、象の息子という意味でマグポンと名付けた。

マグポンは生まれたその日に茶碗一杯のご飯を食べた。二日目には言葉を発し、三日目には歩き、四日目には走るようになり、五日目には大人並みに柴刈りや狩りができるようになった。困ったことに、あっという間に大きくなったマグポンは、父ちゃんに会いたいとしきりにせがんだ。

ある日の夜、マグポンは寝ぼけてぼんやりしていると、すすり泣きの声が聞こえた。耳を澄ませて聞くと、お母さんの泣き声だった。彼は寝返りを打って起き上がり、母親の前に跪《ひざまず》いて言った。

「天に届くほど高い木でも、お母さんの御恩に比べれば、取るに足りないものです。何か悩みがあるのならば、ぜひ息子のわたしに聞かせてください」

母親は息子の顔をじっと見つめて、涙ながらに父親が象であることを打ち明けた。マグポンは母親の言葉にひどく悲しくなり、天の果て地の果てに行っても、お父さんを見つけてやると心の中で誓った。

星一つない真っ暗なある夜、母親がぐっすりと眠っているうちに、マグポンは三人の仲間を誘って出発した。象の足跡をたどってジャングルを抜け、険しい山を越えてひたすら歩き続けた。

　ある日、彼らの前に一つの断崖が立ちはだかった。籐の蔓が生い茂る崖の中腹に黒くて大きな洞窟が見え、そこから霧とも煙ともつかぬものが立ち昇っていた。日も暮れたし、彼らはその洞窟で一晩を明かすことにした。

　彼らは籐の蔓をつたって洞窟までよじ登った。マグポンは仲間の一人に洞窟に入って火種をとり、ご飯を炊く準備をするように命じた。だが、その仲間が洞窟に入ってなかなか出てこないので、マグポンは胸騒ぎがして自ら入ってみた。

　洞窟の奥に薄青い火に照らされて、髪の毛がばさばさで皺《しわ》だらけの顔をした老婆が坐っていた。目を半開きにして、唇を震わせている様子が憐《あわ》れでならなかった。

　老婆は人の気配を感じて弱々しく聞いた。

「何しに来たの」

「火種をいただけないかと思って」

「火種がほしいなら、目を閉じろ」

　マグポンは怪しく思い、目を閉じたふりをして、

「ほら、閉じたよ」

と大声で言った。

　老婆は黙り込み、洞窟の中が静まり返った。マグポンは細く開いた目の隙間から覗いてみると、さっき洞窟に入った仲間が顔中血だらけになって、人骨の山に倒れていた。なん

とこの老婆は人食いの悪魔だった。

老婆は無言のまま壁にかけてある天秤棒《てんびんぼう》を取り外し、その一端を火に向けると、火はたちまち消えてしまった。その瞬間、マグポンは間髪入れずに前へ一歩踏み出し、天秤棒を奪い取るなり、その一端で老婆を指した。するとたちまち、悪魔は目や鼻から血を出して死んでしまった。マグポンは天秤棒の向きを変えて、もう一方の端で火を指すと火が再び燃え出した。そして人骨の山に冷たくなった仲間を指すと、仲間は息を吹き返した。

この天秤棒は両端がそれぞれ生と死を呼び起こすことができる「死活の天秤棒」なのだった。マグポンは魔法の天秤棒を持って、再び旅を続けた。


しばらくして、一行は山紫水明の小さな村にやって来た。

村の中には人ひとり、煙一つ見えず、犬の吠え声もなく、至るところしんと静まり返っていた。マグポンは怪しく思い、家ごとに戸を叩いてみたが、どの家にも人はいなかった。最後に、村外れの家までやってくると、一人の娘が出てきた。美しい娘だったが、なぜか身なりがひどく汚れていた。

「お姉さん、村の人はどこに行ったのか」

娘はマグポンの質問を無視するかのように固く口を閉ざしていた。それはかえってマグポンの好奇心をくすぐった。彼は執拗に問い詰め、ようやく娘からことの次第を聞き出すことができた。

「洗濯の汚水を川に流したということで、川の龍王が激怒し、村の人々をのみ込んでしまいました。わたし一人だけはずっと洗濯をせずに我慢してきたので、生き延びることができたのです」

聞き終わると、マグポンはこう言った。

「明日、川で洗濯をしてみなさい。どうなるか見てみようじゃないか」

その一言を聞いただけで、娘は顔を真っ青にして震え出した。

マグポンはそれを慰めてつけ加えた。

「心配無用だ。僕らも付き添いで行ってあげるから」

娘はしぶしぶ承諾した。

翌日の昼、娘はマグポンたちに守られて川で洗濯をした。すると、汚水が川に流れ込んだとたん、川の龍王が暴れ出し、ひとしきり狂風を巻き起こし、大波を沸き立たせると、風波に乗って姿を現した。龍王は血まみれの口を大きく開き鋭い爪を立てて、五人に襲いかかってきた。娘と仲間の三人はその勢いに気圧《けお》されて凍えついたが、マグポンは顔色一つ変えずに天秤棒を取り出し、龍王に狙《ねら》いを定めた。すると、龍王はたちまち引き下がり、波も風も治まった。最後に、龍王が二度と悪事を働けないように、マグポンは天秤棒を川に投げ込んだ。

大事を一つ成し遂げて、マグポン一行は旅を続けることにした。

その時、娘は「どうかわたしを連れていってください！　死んでもあなたたちと一緒にいたいのです」と哀願した。

しかし、この肥えた土地を荒れさせてしまうわけにはいかない！　マグポンは仲間の一人を残すから、この土地を守っていくように娘を説得した。そして、娘はその人と夫婦になり、独龍江の川辺で故郷の再建に励むことになった。マグポンは二人の仲間を連れて父親探しの旅を続けた。

しばらく行くと、一行は銀と金でつくられた橋にやって来た。橋を守る衛兵に引き止められ、通行料として銀や金を出すか、さもなくば人質を残せと強要された。金銀どころか一文無しのマグポンはしかたなく仲間を銀橋と金橋に一人ずつ置いて、とりあえず前へ進むことにした。

どれほど歩き続けただろうか、一人になったマグポンは服がボロボロになり、食べ物も底を尽き、疲れ果ててついに道端で気を失った。

気づいた時、象の群れに囲まれていた。象たちは耳で風を送ってくれたり、鼻で埃を吸い取ってくれたりしていた。もしや父さんがいるかもしれないと思うと、マグポンは「お父さん、お父さん…」と大声で叫んだ。

すると、一頭の年老いた象がマグポンをしげしげと眺めてから、

「わしの子、わしの子だ」

と喜びのあまり鼻でマグポンを撫でた。そして、マグポンを家に連れ帰り、

「よく来てくれたなあ。わしはもう年老いて、後三日で死ぬんだ。お前に残せるものは何もないが、わしが死んだ後、この牙を抜き取りなさい。一本を売って葬式の代金をつくり、もう一本は持ち帰りなさい。何かの役に立つかもしれない」

三日後、父親の象は予言通りに亡くなった。マグポンは父の遺言に従って葬式を行い、さらに三日後、もう一本の象牙を持って帰路についた。

途中、彼はその象牙を振り回して、行く手を遮る毒蛇や野獣を追い払った。それから、人質にとられた二人の仲間を連れ戻すために銀と金の橋まで戻ってきたところ、川の水があちこちから沸き上がり、橋は跡形もなく消えていた。それどころか、マグポン自身も洪水にのみ込まれそうになり、力を限りに象牙を一振りすると、一本の虹が空に現れ彼を高く持ち上げ、洪水はたちまち鎮まった。その後も、マグポンは根気よく仲間を探し続けたが、とうとう見つからなかった。

ある日、疲れ果てたマグポンは象牙をそばに置いて木にもたれて、うとうととしてしまった。気が付くと、目の前に美味しそうな料理がいっぱい並べてあり、一人の美しい女性が象牙の中へ消え入るところだった。マグポンは飛び起きて象牙を手に持ち、じっくりと調べてみた。不思議なことに、象牙には割れ目一つなければ、叩いてみても物音一つしなかった。

「旅の道連れにあのように美しい女性がそばにいてくれればいいなあ」

とマグポンは思わず洩らした。

ある日の夕暮れ、マグポンは海辺にたどり着き、ここで夜を明かすことにした。そして、そばの石に象牙を置き、寝たふりをした。

すると、一人の美しい女性が象牙から姿を現し、料理を並べ始めた。その時、マグポンは素早く飛び上がり、象牙を海に投げ込んだ。

マグポンの行動に驚いた女性は悲しげに言った。

「一生あなたの世話をするよう、お父様に命じられて来ましたが、その象牙を海に捨ててしまっては、困るんです」

マグポンは女性の手を取らんばかりにして、愛情を込めた眼差しで言った。

「死ぬまでそばにいてください」

「それは嬉しいですが、その前に何とかお父様の歯を取り戻さなければなりません」

そこで、二人は象牙を探すために大波が逆巻《さかま》く海へ手をつないで飛び込んだ。

だが、いくら探しても象牙は見つからなかった。ところが、思いがけないことに銀橋と金橋で人質に取られた二人の仲間が海の底にいた。

女性は白い雲に変身して三人を海から持ち上げ、天宮まで送った。その後、マグポンと二人の仲間はきらきらと輝く三つの星になった。今夜空で輝いている「三星座」が彼らなのである。彼らは独龍江の川辺で暮らすあの仲間夫婦を見守り、子々孫々に季節の移り変わりを伝えているという。

ドアン族の民話

七人の母を救ったアロン

昔、①クンナカンという金持ちがいた。七人の妻をもち、その妻たちは皆身籠《みごも》っていた。一方、はるか遠いところに、鋭い牙を重ねたようにそそり立つ歯並山《はならびやま》という大きな山があった。峰と峰が渦巻《うずま》く黒霧に見え隠れし、ある妖怪《ようかい》とその一族が巣くっていた。

ある日、食べ物がそろそろ底を尽きそうなので、妖怪の長女が食料調達に自ら手をあげ、美しい娘に化身して雲に乗り、クンナカンの村の前に飛んできた。

クンナカンは一目で妖怪娘の美貌に心を奪われ腑抜けになってしまい、後先なしに娘を八番目の妻に迎え入れた。身重の妻たちは「またか」とあきれ、いい顔をしなかった。それに対して妖怪娘は素知《そし》らぬ顔をして、ひそかに策略を練《ね》っていた。

①ドアン族の言葉で「百万長者」の意味。

数日後、妖怪娘は突然得体《えたい》の知れない病《やま》いに倒れ、息も絶《た》え絶《だ》えになった。クンナカンは慌《あわ》てて②サトゥを呼びつけ、③算木《さんぎ》で占ってもらったところ、病の原因は明らかになったが、「あまりにも忌《い》まわしいことなので告げられない」と言われた。再三懇願した結果、サトゥは顔を青ざめて、次のように告げた。

「若奥さまの病気は、ある種の呪《のろ》いによるものです。それをしかけたのはほかでもない七人の奥さま方です」

クンナカンには寝耳に水。

「呪いを解く方法はあるか」

「方法は一つしかありません……」

サトゥは顔をしかめて話を続けた。

「七人の奥さま方の目をえぐり出し、村から追放しなければならないのですが……」

思いもよらない返答にクンナカンは言葉を失い、重い足取りで若妻の病床に戻った。

「もう……だめかもしれません」

病状がさらに悪化したのか、若妻は顎《あご》で喘《あえ》ぎながらクンナカンを見上げた。ふっくらとした唇《くちびる》がかさかさに乾き、可愛らしいえくぼも消えていた。

もはや一刻の猶予《ゆうよ》も許されない。クンナカンは心を鬼にして、サトゥの宣託《せんたく》に従った。そして、「せめて一つの救いを」と思い、七番目の妻に片目を残してやった。

実はこれこそが、妖怪娘の策略であった。妖怪娘はクンナカンから銀を三百両盗み、サトゥを味方に取り込んで嘘《うそ》の占いをさせたのである。目をえぐり取られ、村を追われた七

②ドアン族の占い師。
③占いに使う六本の角棒。

人の妊婦は、残されたただ一つの目を頼りに、躓《つまず》きながらも一つの洞窟にたどり着き、そこに住み着いた。

間もなくして、一番上の妻が出産した。生き延びるために彼女は生まれたばかりの赤ん坊を七人の食料にした。かくして、七人は次々と生まれてきた赤ん坊でしばらく食いつないだ。そして最後に、七番目の妻からまん丸と太った男の子が生まれた。彼女はオギャアオギャアと泣く息子を食料に出すに忍びず、代わりに自分の体を差し出すと言ったが、ほかの妻たちはそれを拒んだ。そこで、身軽になった彼女が野菜や果物をとってきて、皆を養うことになった。赤ん坊はアロンと名付けられ、すくすくと育った。

歳月は水が流れるごとし。アロンは七歳になり、「皆のために食料を探してくる」と言って山を下りた。「クンナカンの村には絶対に行ってはいけない」という母の警告を肝《きも》に銘《めい》じて、アロンは隣村に行った。

そこでアロンは、七人の牛飼いの子どもと出会い、賭《か》けを持ちかけた。

「将棋で勝負してみないか。君たちが勝ったら、牛を放牧してあげる。ぼくが勝ったら、その弁当をくれ」

その子どもたちも相当の負けず嫌いなようで、すぐにアロンの誘いのり、そして、全敗した。アロンは簡単に食料にありつくことができた。このようなことが数日続き、牛飼いの子どもたちは連日連敗で弁当をとられた。そのため、家に帰えると、空腹に耐えかねて異常な食欲を見せたので、賭けのことが主人にばれた。ところが、その主人もまた大の物好きで、景品を増やして、アロンに賭けを続けるよう誘った。実はこの主人こそが、アロンの父親のクンナカンであった。あろうことか、親子の勝負はアロンが無敗のまま十数年も続いた。おかげで、アロンは母親たちを養うことができた。

この間、かの妖怪娘はことの一部始終をじっと見ていた。すべてがお見通しであった。立派に成長したアロンを放っておくわけにはいかない。妖怪娘はまたも仮病を装い、「薬探しを」と言って、アロンを妖怪一族の巣窟《そうくつ》である歯並山へ仕向けた

出発の間際、母がアロンの手をとって忠告した。

「乗り馬は必ず自分で決めなさい。鞭《むち》打ちしてみて、鞭の当たらない馬を選ぶんだよ」

アロンは母の言葉どおりに、一匹の白馬を選んだ。手綱《たづな》を緩《ゆる》め拍車《はくしゃ》を当てると、白馬は前足を高く上げて後ろ足を踏みしめ、甲高い嘶《いなな》きを一つあげると空へ飛び上がった。

早足で飛ぶこと一日と一晩。ひと休みしようと、アロンはある家の前で馬を止めた。家の主は留守のようなので、彼は家の中を一とおり掃除して、火を起こし湯を沸《わ》かすと、かまどのそばでうとうとと居眠りしてしまった。間もなくして、家の主人が帰ってきた。主人は稀《まれ》に見る立派な白馬に見とれ、思わずその体を触ってみた。すると、馬の首あたりに一通の封書《ふうしょ》が隠されているのを見つけた。開けてみると、こう書いてあった。

「不束《ふつつか》ながら葱《ねぎ》を二束《ふたたば》お届けします。届き次第そのままお召し上りください」

主人はそれを燃やし、別の手紙に取り替えた後、アロンを起こして言った。

「よく覚えておきな。歯並山に行ったら、まずこの封書を落とし、しばらく待ってから、

馬を下りるのだ」

　アロンは主人にお礼を言って、歯並山へ飛び立った。

　歯並山をほしいままに支配している妖怪一族の頭《かしら》は、白馬とアロンの姿を見かけると、「ご馳走が届いた」と言って食事の支度《したく》を命じた。とその時、一通の封書がひらひらと空から舞い落ちてきて、それには次のように書かれていた。

「とりあえず息子を送りますので、適当な者を嫁に当ててやりなさい」

「孫が訪ねてきたのだ。もてなしの準備をしよう」

　妖怪の頭は上機嫌であった。そして、相談した結果、外孫《そとまご》のナンイパイがアロンの嫁として選ばれた。誰もが「お似合いだ」と喜んで祝福した。妖怪の頭は、早速、嫁入り道具を調達するために出かけた。

　その間、ナンイパイはアロンに一族の宝物を見せた。身につけると飛べる衣《ころも》、叔母《おば》さんが届けてくれた人間の目玉、飲めば目が見える井戸水、魔法の木の葉や蔓《つる》などなど、アロンはそれらの魔力をことごとく頭に刻《きざ》んでおいた。間もなくして、妖怪の頭が山の幸海の幸を抱えて帰ってきた。その時、アロンはすでに一つの策を練り上げていた。

　そこで、それとなくナンイパイに言った。

「僕の村では、祝儀《しゅうぎ》に酒は欠かせないものなのだが……」

　話はすぐに妖怪の頭に伝わり、酒が用意され、祝儀《しゅうぎ》の日となった。

　酒盛りが始まると、妖怪たちはだんだん羽目を外してのみ騒ぎ、泥酔《でいすい》してしまった。アロンはこの機を逃さず、妖怪の宝物と人間の目玉をひとつにまとめ、白馬に飛び乗り逃げ出した。酔いが覚めたナンイパイは異状に気づき、アロンの後を追いかけ、飛べる衣の魔力であっと言う間に白馬の姿をとらえた。追いつかれる寸前、アロンが蔓を丸めて投げ捨てた。すると、背後はたちまち火の海となり、ナンイパイが火と格闘している隙に、アロンは遠くへ逃げた。

アロンが魔力の道具を使って強風を起こしたり、川をつくったりして対抗するので、ナンイパイはとうとう力尽きてあきらめ、美しい川の畔にたどり着くと、拳《こぶし》で胸を三回強く打って自ら命を絶った。アロンはナンイパイを川辺に埋葬して、母の待つ洞窟へ帰った。

アロンは、早速、目玉を母たちの目に戻し、目の見える井戸水を掛けると、みんなの目が生き返った。そして最後に、紫色の蔓を持ってクンナカンの屋敷を訪れ、その蔓を力いっぱい引っ張ると、妖怪娘は見る見るうちに元気になり、一段と美しくなった。そして次は、逆に蔓を短く縮《ちぢ》めると、妖怪娘は瞬《また》く間《ま》に痩《や》せ衰《おとろ》えた老婆に変貌《へんぼう》した。さらに、切れそうになるまで蔓を引っ張ると、妖怪娘は屋根を突き破らんばかりに背が伸びた。クンナカンは若妻の変貌《へんぼう》ぶりを目《ま》の当《あ》たりにして、ようやく若妻の正体を悟り、「殺せ、殺せ」と絶叫した。アロンはぐっと力を入れて張り詰めた蔓を断ち切り、妖怪を殺した。

クンナカンは喉を掻きむしって後悔し、七人の妻をすぐに呼び戻し、一族仲良く暮らした。そして、一族の采配をアロンに任せたという。

ナシ族の民話

①ツォンバト――ナシ族の起源神話

上古《じょうこ》の昔の話である。天と地は定まらず、樹木は動き回り、石が言葉を発していた。天と地、太陽、月、水、火、山、河などがおぼろげながら徐々に姿を現し始めた。気の変化とともに、イグアゴという神が誕生した。イグアゴは白い卵に変わり、白い鶏となって、自ら②動家《どうか》のエユエと名乗った。しばらくすると、イグディンナという神が誕生し、黒い卵に変わり、黒い鶏となり、自らに③蘇家《そか》のフジアンナと名付けた。色白で美しいエユエは青草を巣にして、白い雲を布団に九対の白卵を産み落とし、それぞれ神と仏にした。その一方、色黒で不細工なフジアンナは、九対の黒卵を産み落とし、鬼にした。

その後、九柱の男神と七柱の女神が天地を開くことになった。彼らは白栄螺《さざえ》、黒真珠、

①ナシ族の言葉。「ツォン（人類）」、「バン（移動）」、「ト（誕生、由来）」の三語からなる複合語で、「創世記」と訳されることもある。
②古代ナシ族の村長の略称で、全称は「美しき動主」。
③動家に敵対する村長の略称で、全称は「マイリ蘇王」。

翡翠《ひすい》、黄金で天柱をつくり、それぞれ東西南北に立て、白鉄《はくてつ》の柱で天と地の中央を固めた。最後の仕上げに青い宝石で天を飾り、大地に金塊をどっしりと構えた。すべてが整うと、天と地はゆらりゆらりと離れ始めた。

天と地は切り開かれたものの、いつまでも揺れ動いていた。そこで、神や仏、力と知恵のある者たちが霊山を立てて鎮《しず》めようと集まった。大力神のゴナブの指揮の下、霊山が無事に出来上がり、ジュナシロと名付けられ、天と地は落ち着いた。

霊山にはもとより白い鵲《かささぎ》と蝶《ちょう》、黒色の烏《からす》と蟻《あり》がいたが、人間はいなかった。それから、山の高いところから発する呟《つぶや》きの声が、低いところから発する息と結合して、三滴の白露が生まれた。それはやがて三つの海原に変わり、そこからヘンゴが生まれ、ヘンゴからマイゴが生まれた。マイゴから七代目のツォンイェンリオンまでが人間の先祖とされる。ツォンイェンリオンには五人の兄弟と六人の姉妹がいたが、それぞれに適当な配偶者がなかったので、兄妹間で結婚した。それは穢《けが》らわしいこととされ、天神を怒らせてしまった。すると、日や月が陰り、山や谷が泣き喚《わめ》き始めた。それが、山崩《くず》れや地割れ、大洪水の予兆とは誰一人知る由もなかった。

ある日、ツォンイェンリオンは畑を荒らす猪《いのしし》を捕らえ、飼《か》い馴《な》らそうとするところに、白鬚《しろひげ》の老人と黄金の杖を手にした老婆が現れて言った。

「とんでもない罪を犯したお前たち兄弟には、必ずや大きな災難が降りかかるだろう」

リオンは驚き、罪を償《つぐな》うから命を助けてくれるよう懇願した。真摯に過ちを反省するリオンの言葉に心を動かされたのか、老人は次のように教えた。
「まずは白い蹄《ひづめ》の雄山羊《やぎ》の皮を細い針と太めの糸で縫いつないで鼓《つづみ》をつくるのだ。そして、鼓に十二本の縄を結び付け、それを三本ずつに分けて、それぞれ柏の木、杉の木、空、地上につなげ。それから、肥《こ》えた山羊、黄金色の猟犬、真っ白の雄鶏《おんどり》、九種類の穀物の種を鼓に入れよ。もちろん長刀と火打石《ひうちいし》も忘れてはならない。最後にお前自身が乗り込めば、準備は万全だ」

これを聞いたリオンの弟妹たちは、我先に老人に助かる方法を尋ねた。すると老人は「豚の皮を太い針と細めの糸で縫いつなげて鼓をつくるように」と言った。こうして、リオン弟妹はそれぞれ言われたとおりに準備を整えた。

それから三日後、天と地がごろごろと唸《うな》りを上げたかと思うと山が崩《くず》れ、すべてがたちまち大洪水にのみ込まれてしまい、日も月も光を失った。リオンは真っ暗な鼓の中で外の音に耳を澄まし、凄まじい光景を想像しながら不安を募《つの》らせていた。荒波に揉《も》まれて漂《ただよ》うこと数日、鼓が何かにつかえて止まった。リオンが長刀で鼓を切り裂いて外に出てみると、目の前の光景に息をのんだ。鼓は地の揺れで新しくできた山に当たって止まり、見渡す限りの大海原が広がっていた。弟妹たちは天の果て地の果てに吹き飛ばされ、姿が消えてしまっていた。

洪水が引いた後、リオンは山羊、犬、雄鶏を野に放し、荒れ果てたこの地を後にした。気が遠くなるほど長い道程《みちのり》を歩き、高い山の麓へ来ると、ふさふさの白鬚《しろひげ》の老人がいた。久々に人間と出会ったリオンは感動し、老人に自分の寂しさや悩みを打ち明けると、老人が次のように教えてくれた。

「ナミサンゴンという山の麓に二人の天女が住んでいる。縦目をしているほうが美しいが、よーく覚えておけ、お前は横目のほうと結婚するのだ」

リオンは胸を踊らせながらそこへ行ってみると、二人の天女が遊び戯《たわむ》れていた。リオンは流し目の艶《なま》めかしい美女を嫁に選んだ。色香に負けて、すっかり老人の忠告を忘れてしまったのだ。結婚して間もなく、天女はめでたく懐妊した。だが、それがリオンの期待を見事に裏切る結果となった。三回連続の妊娠でそれぞれ熊と豚、猿と鶏、蛇と蛙が生まれたのである。リオンはうろたえて老人に助けを求めたところ、熊と豚を森へ、猿と鶏を山へ、蛇と蛙をじめじめとしたところへ放り出すように言われ、その言葉に素直に従った。そして、天神アプが再び独り身になったリオンのために、男と女の木人形をたくさんつくってて与え、「九か月になるまで、人形の姿を決して覗《のぞ》いてはいけない」と厳しく忠告した。

だが、リオンは却って好奇心をくすぐられ、三日目に約束を破ってしまった。そのため、人形は出来損ない、手があっても物を持てず、跳ねるように動くことしかできなかった。アプは人形をばらばらに切り壊して、山と水、森の中に捨てた。ところが怪我の功名とでも言おうか、なんとその木屑《きくず》から木の精や水の妖怪、④ツンポンが生まれた。

再度の失敗に落胆したリオンはまた旅に出た。

あてもなくさまよっていると、梅の花が咲き乱れる美しい場所にたどり着いた。白と黒の境目だった。リオンはしばし花景色に見とれた。そこへ一羽の⑤白い鶴が飛んできて、

④森の中に棲む四本足の怪獣。

⑤この鶴を媒介にして二人が夫婦になったことから、ナシ族語で「ゴパン・ミラブ（白鶴仲人）」という言葉が生まれたという。

美しい娘に変わった。実はそれは天神ズロアプの娘で、名をツヘボベミンといった。二人は一目で見初め合い、ツヘボベミンはリオンを天宮に連れて帰った。

リオンは天神アプに結婚を申し入れたが、次から次へと難題を突きつけられ、その都度、聡明なツヘボベミンの協力を得てアプの試練を乗り越え、求婚に成功した。

彼は妻を連れて地上へ戻る間際、結納《ゆいのう》として、馬、牛、山羊を含め七種類の家畜、金・銀の茶碗、九種類の種をもらった。その中に猫と蕪菁《かぶ》は入っていなかったが、リオンは猫を懐《ふところ》に入れ、ツベボベミンは蕪菁の種を爪に隠して地上に持ち帰った。しかし、それはアプの怒りをかい、呪いをかけられ、猫は肺から騒音のような声しか出せなくなり、その肉は食べることができなくなった。そして、蕪菁は少し煮るだけでふにゃふにゃになり、腹の足しにもならない食べ物になってしまった。

リオン夫婦はそれらのものを携えて、幾多の山川を越え、⑥麗江《リージャン》の地にたどり着いた。

リオンは白い天幕を張り、ツベボベミンは竈《かまど》に火を焚《た》き、この地で幸せな暮らしを始めた。高原で放牧を行い、平地に穀物の種を蒔いて生活を営んだ。ほどなくして、ツベボベミンは一度に三人の男児を産んだ。ところが三人の子は三歳になっても言葉を発することができなかった。リオンはその理由を尋ねようと、アプのところへ⑦イベイルを遣わしたが、答えどころかアプの愚痴話《ぐちばなし》をいっぱい聞かされただけだった。

しかし、リオン夫婦は何かを悟ったかのように、不可解な行動を始めた。

まず⑧大トンパに吉凶を占ってもらい、栗の木を伐《き》って祭木《さいぼく》とし、ポプラの木を伐って

⑥雲南省西北部の古都。古城区は世界遺産。

⑦ナシ族語で「コウモリの使者」の意味。

⑧ナシ族のシャーマン。

神柱《しんばしら》をつくり、立派な飴色《あめいろ》の雄牛《おうし》と雄鶏《おんどり》を生贄《いけにえ》に捧げ、米や酒を用意して、旧暦の一月十一日に⑨祭天の儀式を行った。天宮にいる親に感謝を捧げるためであるが、アプの愚痴で親孝行をおろそかにしていたことに気づかされたのだった。

その後のある日、三人の息子は蕪菁畑で遊んでいた。そして、一頭の馬が蕪菁を食べようとするのを見つけ、いっせいに叫び出した。なんとそれは異なる音の言葉だった。そのため彼らは三つの民族に分かれ、長男はチベット族になり⑩ラサンコンドパンに住み、次男はナシ族になってジジュロライドィに暮らし、三男はペー族となりブルジヤンに住むことになったという。

⑨ナシ族で最も重要な祭儀の一つ。旧暦一月と七月に行われ、前者は大祭天、後者は小祭天という。栗の木でつくる二本の祭木は父親アプと母親アザイの象徴とされ、現在はリオン夫婦の象徴として祭木の横に小祭木を供えることもある。

⑩ラサンコンドパン、ジジュロライドィ、ブルジヤンは古代の地名。それぞれ「上」、「中間」、「下」を意味し、現在もこの三民族は雲南省北西部高山地帯でこのように住み分かれている。

白と黒の戦い——昼と夜の誕生

遠い昔、ナシ族は東と西の二つの村に分かれていた。村の境目に天を突かんばかりにそびえる魔法の岩があった。岩の東は白色で、西は黒色だった。白と黒に色づけされた二つの村はそれぞれ自分の領地で平和に暮らし、互いに他人の領分を犯すこともなく、交流もなかった。

西の首長のイェンサンは、仁義を以《もっ》て村を治《おさ》めたのにひきかえ、東の首長のアルは残虐非道、鞭《むち》を以て村を支配し、民を酷使《こくし》して、唸《うな》るほどの富を貯め込んでいたにもかかわらず、底なしの貪欲《どんよく》さは飽くことを知らなかった。

ある日、アルはとんでもないことを考えついた。

「自分の村で夜をなくしてしまえば、四六時中休むことなく領民を働かせることができる。そして、西の奴らから昼を取り上げ、奴らを永遠に暗闇の世界に追いやることができたら、おもしれぇな」

そう言うと、アルは魔法を使って、金の鎖で太陽をがんじがらめに縛り、金の錠《じょう》で東村の天を支える大きな銅柱につなぎ、その鍵をのみ込んで大笑いした。

「これで、太陽はわが東のものだ。奪うというなら、わしの首を取ってからじゃ」

こうして、東の村からは体を休める夜が、西の村からは光と温もりを届けてくれる昼が消えてしまった。西の村のイェンサンはこのことでひどく気を病《や》んだが、なす術はなかった。そこで、美しく聡明な妻ガジョジムが一計を案じた。

「力尽《ず》くで取り戻すより、金銀を使って買い戻したらいかがでしょうか」

イェンサンは山積みの金銀財宝と絹織物を家畜に載《の》せて、白黒両村の境界まで運んだ。ここには二つの村で共有する宝の木が植えてある。その木は金と銀の花を咲かせ、真珠の実を結んでいた。うっそうと茂る木の葉が絹で、絹の葉でつくる服は色褪《あ》せることも古《ふる》びることもないという。

二人の首長はこの木の下で交渉を行った。

その結果、イェンサンは涙をのんで、金銀財宝のほかに宝の木の所有権もアルに譲《ゆず》ることで決着がついた。イェンサンがどんな思いで手を打ったのか想像するに難くなかろう。アルは何食わぬ顔で山積みの金銀財宝を受け取り、白鷹や①ヤクの兵士に宝の木を厳重に見張るように命じ、最後に、イェンサンにせせら笑いを浴びせながら言った。

「今日のところはこれでお引き取りください。明日必ずお日様を解放しますから」

イェンサンは一抹の疑念を抱いたまま村に戻り、待つことにした。

だが、七日経っても、日が昇る気配はなく暗闇のままだった。イェンサンは様子を見て

①ウシ科のほ乳類。古くからヒマラヤの高地に生息し、家畜として飼育された。

くるよう黒蝙蝠《こうもり》を偵察に飛ばした。そして、次のような報告が返ってきた。

「太陽を解放するどころか、目の鋭い白鷹《しろたか》と凶暴《きょうぼう》な白虎《びゃっこ》を使って、さらに警備を強化しています」

イェンサンも妻も、アルの所業《しょぎょう》に堪忍袋《かんにんぶくろ》の緒を切らし、太陽の光を奪い取るという非常手段に出ることにした。まず、穴掘りが得意な黒鼠《ねずみ》が駆り出された。黒鼠たちは、魔法の岩を西側から東へ掘り削って一つの穴をあけた。すると、その穴から太陽の光が射し込み、西村は再び活気を取り戻した。

ことの次第はたちどころにアルの耳に届いた。アルは地団駄を踏んで怒鳴った。

「光を盗むとはいい度胸だ。直ちに穴を塞《ふさ》げ！」

さらに、アルは境界一帯に落とし穴を掘り巡《めぐ》らせ、穴の中に矛《ほこ》や槍《やり》を立てるよう命じた。さらに鉄と銅の②撒きビシで人が往来する辻《つじ》つじの一面を覆わせた。

太陽の光を遮断《しゃだん》され、西の村は再び暗闇の中に放り出された。「こうなったら、血を流しても奪い返すしかない」とイェンサンは悟った。彼は太陽を縛り付けた鎖を断ち切るために、左手に魔法の金槌《かなづち》を、右手に長い矛槍《ほこやり》を持って妻に別れを告げた。

ガジョジムは優しい声で強く忠告した。

「凶暴な敵を倒すには、熊の度胸《どきょう》と猿の機敏《きびん》さが必要です。油断したら、優しい③キョンは血に飢《う》えた虎《とら》に騙《だま》されますよ」

しかし、頭に血がのぼったイェンサンは妻の言葉にまったく意をとめず、その勢いのままに白と黒の境を越えて東村の領地に忍び込んだ。ところが、武運拙《ぶうんつたな》く、鉄や銅の撒きビ

②植物のヒシの実のように鋭い角のある武器。人や動物の往来をできなくする。

③東南アジアに分布するシカ科の動物。犬に似た大きな吠え声を出す。

シに足を取られて落とし穴に落ち、刃を上向きにして立ててあった矛に突き刺さり、無惨な最期を遂げた。

アルは、イェンサンの遺体を深く掘った穴に埋め、その上に溝を掘り、水を引き入れるよう命じた。しかし、この苦役《くえき》を命じられた奴隷の鴉《からす》と鷹は重労働に堪《た》えられず、日頃から溜まりに溜まったアルへの不満と相まって、西の村に寝返った。そして、イェンサンの死はあっという間に西の村に知れ渡った。

ガジョジムは涙を拭《ぬぐ》いながら、首長の死を嘆き悲しむ皆に言った。

「雄虎が死んだら、雌虎が敵《かたき》を討《う》つ。夫が殺されたら、妻は仇討《あだう》ちをしなければならない」

彼女は智謀にたけたケンズタンユと怪力の持ち主のナリゾブを招集した。いろいろ相談した結果、ナリゾブが九千九百の軍勢《ぐんぜい》を率《ひき》いて東の村を攻《せ》め、アルの首を切り取ってイェンサンの英霊《えいれい》を弔《とむ》うことに決めた。

ガジョジムは戦《いくさ》の神様を祀ってから、幾千幾万の工匠《こうしょう》を呼び集め、武器をつくらせた。鉄の矛や牛角の弓、牛革の弓弦《ゆづる》、鉄の鏃《やじり》、鉄の兜《かぶと》……、九つの蔵があっという間に武器で埋まった。村の山や谷は意気軒昂《いきけんこう》な軍勢《ぐんぜい》でひしめき、陣太鼓《じんだいこ》の音が遠くまでとどろき、魔法の岩にこだました。

さすがのアルも、西のただならぬ動きに苛立《いらだ》ち、じっとしていられなくなった。アルは白鷹を斥候《せっこう》に飛ばしたが、それはすぐに西の見張りの黒鷹に気づかれ追い返された。

「西の村は皆数え切れないほどの軍勢で厳重に警備されております」

白鷹の報告を受けて、アルはますます恐ろしくなり、息が詰まりそうになった。早速、金魚と金蜂の兵士を再び偵察に行かせたが、これもまた西の見張りに捕まり、舌を切り取られて命からがらに逃げ帰ってきたが、舌がないので何も報告することができなかった。

度重なる失敗ですっかり落胆したアルは、金銀財宝を埋めて隠し、妻を連れて叔父《おじ》の住む白海《はっかい》へ逃げるつもりだったが、妻は「女が家を離れると、家神が怒るから」と言って断った。そこで、アルは妻を残して一人で逃げた。

三日後、西の大軍が攻めてきた。色とりどりの旗が空を覆い尽くさんばかりに風にひるがえり、陣太鼓の音が東の村の大地に響《ひび》き渡った。西の軍勢は東の村を二重、三重に取り囲んだ。東の兵士は必死に抵抗し、激しい攻防戦が繰り広げられた。両陣から放たれた矢が村の上空を飛び交《か》い、長矛《ながほこ》や太刀《たち》が火花を散らして④鎬《しのぎ》を削った。激戦が七日間続いた果てに、東の村は城壁を押し倒され陥落した。敗残兵たちが続々と白海へ逃げていった。

ナリゾブはアルの妻を捕《つか》まえて、太刀を首に当ててアルの隠れ場所を聞き出した。西の兵士は直ちに白海へ押しかけ、海に向かって毒矢を射《い》ったり石を投げたりしたが、海底の龍宮に逃げ込んだアルをどうすることもできなかった。

そこで、聡明なケンズタンユはガジョジムに一計を提案した。

「狼《おおかみ》を落とし穴におびき寄せるには羊の声が必要です。好色なアルを龍宮から引っ張り出すには、美しい女性が一番です」

そして、ガジョジムは宝石や虹色の衣装で華《はな》やかに着飾り、夫を殺された恨《うら》みを胸に秘めて、愛想《あいそ》笑いを浮かべて白海の浜に現れ、唱い始めた。

④刀の刃と峰の間のこと。「鎬を削る」で「激しく闘う」の意味。

海の宮の
君を待つ浦の夕凪《ゆうなぎ》に
身もこがれつつ

ガジョジムは情愛あふれんばかりに唱いながら、艶《つや》やかな髪を濡らし、色白でみずみずしい乳房《ちぶさ》をはだけて水で洗った。

色好みのアルは一目で美しいガジョジムを見初《みそ》めたが、警戒心は緩《ゆる》めず、白鷹に変身して空をぐるぐると三回飛び回って、不審なことはないか確認した後、彼女に近づいた。ところが、亡き夫を深く思うガジョジムは、つい憎しみの表情をちらつかせてしまった。敏感なアルはそれを見逃すわけもなく、即座に龍宮へ逃げ帰ってしまった。

翌日、ガジョジムの歌声が聞こえると、アルの心に卑しい思いが沸き起こり、再び白鷹に変身して現れた。アルを安心させるために、ガジョジムも黒鷹に変身してアルと戯《たわむ》れたが、彼女が敵意を帯びた表情を見せた途端に、アルはまた逃げ去った。

三日目の朝早く、アルは燃《も》え盛《さか》る欲情《ようじょう》を抑《おさ》えきれず、白ヤクに変身して、ガジョジムが来るのを待っていた。ガジョジムはアルの変身に合わせて黒ヤクに変身した。二人は草原で夢中になって戯《たわむ》れた。その間、ガジョジムは必死にアルに対する嫌悪や憎みの情を抑えながら、甘い歌声と美貌《びぼう》でアルの心を奪おうと努めた。

「愛《いと》しいアルよ、月と星のように寄り添《そ》う夫婦になりましょう」

ガジョジムの甘い歌声にアルは自制心を失い、歯をむき出しにして高笑《たかわら》いするばかりだった。ガジョジムはさらにたたみかけるように、次のように囁《ささや》いた。

「一緒に暮らすなら、とっておきの場所がありますわ。そこでは木が歩き、泉の水が坂を登って流れるので、薪刈《まきが》りや水汲《みずくみ》みの苦労をしなくて済むの。それに、石が話せるから、どこへ行っても道に迷うことはなく……暮らすのに最高なところよ」

アルはすっかりガジョジムの話にのせられて我を忘れ、白と黒の境界に近づいていることさえ気づかなかった。

その頃、ケンズタンユとナリゾブは既に兵を従えて待ち伏せていた。ナルゾブはアルの退路を断ち切るため、火を使う軍勢を率《ひき》いて背後に潜伏《せんぷく》し、ケンズタンユは主力軍を率いて、正面から攻撃する作戦であった。

ゴロゴロと地響きを上げて鳴り渡る陣太鼓の音で我に返ったアルは、慌《あわ》てて逃げようとしたが、既に万事休す！ 白海へ行く道は勢い激しく燃え盛る火の壁で断たれた。もはやこれまで！ アルはすっかり戦意を失い、魔法も使えなくなりおとなしく降参した。

アルは西の村の黒海《くろうみ》の畔《ほとり》で斬首の刑に処され、その腹の中から太陽をつないだ金の錠を開ける鍵が見つかった。ガジョジムは東の村の銅柱にのぼりその鍵を使って、縛り付けられたまま絶えず灼熱《しゃくねつ》の炎《ほのお》を吹き出す太陽を解放した。

こうして、太陽は東の銅柱の後ろから昇《のぼ》り、二つの村の境界に立つ魔法の岩の上を越えて西の鉄柱の後ろへ沈んで行き、太陽と月が昼夜を分けて、代わる代わる東と西の空に現れるようになった。

そして、東西二つの村は⑤血を啜《すす》って仲直りの盟約《めいやく》を結び、その後、互いに落し穴を埋めて武器を蔵に収め、太陽の光を共に浴びながら、五穀豊穣《ごこくほうじょう》、家内繁盛《かないはんじょう》、幸せな生活を送るようになったと伝えられている。

⑤誓いを立てるとき生け贄の血をすすった。

①ディンバシロ

天女七代目のサロリズ・ジンムは、②アプ九代目のジンブトグと結婚して間もなく、身籠《みごも》った。その子がディンバシロである。

ディンバシロは母の胎内で九か月が過ぎた頃、「どこから出ればいいか」と母に聞いた。

「人間が生まれる道を通って出てきなさい」

母親がこう言うと、ディンバシロは嫌がって答えた。

「汚れているから、そこを通るわけにはいかない。お母さんの左の脇の下を使わせてもらおう」

ジンムが左腕を上げると、ディンバシロは母親の脇の下から出てきた。

三日後、ディンバシロ誕生の噂《うわさ》が広まると、世の中の妖鬼《ようき》たちはひどく動揺した。彼らは慌《あわ》ててディンバシロの様子を調べた後、皆浮かない顔をして騒《さわ》ぎ立てた。

「その目は鬼を退治する目、その口は鬼を食い裂く口、その手は鬼を殺す手、その足は鬼を踏み潰す足なのだ。おれたち、これから生きていけるだろうか」

妖鬼たちは泣きの涙で八方へ散っていった。

①トンパ教の始祖。漢語で「丁巴什羅」と音訳されている。
②神様を意味するナシ族語。

しばらくすると、グソンマという名の魔女がやってきた。

グソンマは、銅鍋《どうなべ》を頭にかぶり、棘《いばら》と麻縄《あさなわ》を九本ずつ手に持ち、三百六十の鬼兵《おにへい》を率《ひき》いて、善人の顔をしてジンムに近づいてきた。

「非凡なお子さんをお産みになられたとのこと、おめでとうございます。一目会わせていただけませんか」

物腰柔らかな物言いに、ジンムはすんなりとその申し出に応じた。すると、グソンマは赤ん坊の顔を見るやいなや鷲つかみにして奪い、脇の下に抱《かか》えて逃げ去った。

グソンマは、早速、ディンバシロを銅鍋に入れて丸三日間煮た。

ところが、とろとろになっているはずだと思って蓋《ふた》を開けてみると、ディンバシロは何食《く》わぬ顔で鍋の中に坐っていた。そして次ぎの瞬間、湯気と煙がもうもうと立ち上がり、ディンバシロはそれに乗って③十八界の天へ昇《のぼ》っていった。

天に住み着いたディンバシロは、毎日トンパ経を唱《とな》えたり、写経をして暮らしていたが、ほかに三人の④ラマ僧がいて、同じようにお経をあげたり、写経したりしていたが、ディンバシロには追いつかなかった。そこで、ラマ僧たちはディンバシロの才能を嫉《ねた》み、何度も懲《こ》らしめてやろうとした。が、ことはうまく運ばなかったので、しまいにはディンバシロに⑤断食《だんじき》を強要するに至った。

ディンバシロはとうとう我慢がならず、仕返しをしてやることにした。

ディンバシロが呪文《じゅもん》を唱えると、左から白い風が、右から黒い風が噴き出し、ラマ僧の

③仏教語で、人間の五感と意識の世界のこと。

④チベット仏教の僧侶。

⑤修業のために自発的に飲食を断つこと。

経典《きょうてん》をめちゃくちゃに吹き飛ばした。そのため、お経の順番が乱れてしまい、ラマ僧たちは整理がつかなくなり困り果ててしまった。

そこで、ディンバシロがそれらのページを狂いなく揃えてやると、ラマ僧たちはディンバシロの神通力《じんつうりき》に深く感嘆《かんたん》し、それぞれの服の袖を切り取り、ズボンを脱いで、ディンバシロに献上した。以来、トンパは花柄《はながら》の服とズボンを身につけるようになり、ラマ僧はズボンを履《は》かず、片肌《かたはだ》を剥《む》き出しにする習慣が生まれたという。

ところで、魔女のグソンマはというと、その後もあちこちで悪行を重ねていていた。そのため、人々は平穏に暮らすことができず、家畜も繁殖できなくなった。人間たちは、魔女を退治するにはディンバシロとその呪術《じゅじゅっ》に頼るしかないと考え、ラオワラオサジュとハンインジンバオの二人を天宮へ派遣した。

ラオワラオサジュは純白の馬に跨《また》がり、ハンインジンバオは大きな鳥に乗って、天宮にたどり着いた。二人はディンバシロに魔女の悪行の数々を訴え、魔女を退治して人間を助けるよう懇願《こんがん》した。

ディンバシロは二人の願いを聞き入れた。彼は天宮を発つ間際に、神々から神通力のある宝を一つずつと九十九部の経典を授《さず》かり、弓、矢、宝刀などとともにトンパ教の⑥法器《ほうき》、⑦錦《にしき》の幕《まく》もいただいた。そして、経典をヤクに、法器を象に載せ、翼のある⑧護法《ごほう》、爪のある護法、角のある護法をそれぞれ三百六十集め、幾千幾万ものトンパ教信者や将兵を率《ひき》いて、ディンバシロは自ら白い神馬《しんめ》に乗り、右手で金の鈴を鳴らし、右手で太鼓を打ちなら

⑥お祈りや祭事に使う道具。
⑦金銀の糸を使って豪華な刺繍を施した幕。
⑧妖怪や鬼を追い払う力。

しながら、威風堂々《いふうどうどう》と人間界に下りてきた。

ディンバシロの軍勢がジュナロロ山に陣を張るとすぐ、ドジバロという魔王が黒い山を背中に載せて攻めてきた。ディンバシロは魔王に向かって呪文を唱え始めた。わずか九文字唱えたところで、黒い山がひとたまりもなく崩れた。魔王は山の下敷きになり、呆気《あっけ》なく息絶えた。

こうして、ディンバシロが進軍するところ、妖鬼たちは相次いで退治され、最後に生き残ったのは魔女のグソンマだけとなった。

グソンマは恐れ戦《おのの》きながらも新たな戦略を練っていた。グソンマは妖艶《ようえん》な美女に身を変えて、ディンバシロに媚《こ》びるように声をかけた。

「十八界の天上で悠々自適にお経でもお読みになっていればよろしいのに、どうして地上の血の海地獄においでになったのですか」

「天上に美しい妻が九十九人いるが、あと一人で百名になるのだ。君が地上で最も美しい女性と聞き、迎えに来たのです」

グソンマは「敵がまんまと罠にかかった」と内心大喜びした。そこで、さらに甘い声でたたみ掛けた。

「わたしは、天宮きってのご立派なあなた様に一目惚《ひとめぼ》れです。嫁にしていただけるのは嬉しいですが、今一つ天に誓っていただけませんか」

「グソンマと結婚しなければ、叔父の家のヤクや叔母の家の馬、ロバはすべて死んでしまうでしょう」

ディンバシロは言われるがままに誓いの言葉を述べた。

「君にも一つだけ願いがある。結婚したら、君がいつも持ち歩いているものをすべて土に埋めてください」

グソンマは快諾し、直ちに銅鍋、九本の棘と九本の麻縄を土に埋めた。

こうして、二人は互いに魂胆を腹に隠して、偽りの結婚生活を始めた。

だが、魔女は相変わらず災《わざわ》いをもたらし、病気で人々を苦しめ、ディンバシロはお祓《はら》いをし、病気を治すことで対抗した。そして、グソンマは、ディンバシロがお祓いに出向く度に、決まってこう言った。

「病人から何一つ謝礼をもらってはいけないよ！」

ディンバシロはその度に心の中で言い返した。

「お前に言われなくても、当たり前のことだ！」

ある日、ディンバシロは二人の病人を助け、金や銀、牛、馬などの謝礼を断ると、家の主人がハトの卵ほどに大きなトルコ石をひそかにディンバシロの馬の額に取り付けた。

ディンバシロが家に帰ると、奇妙なことに、グソンマは突然頭が痛み出した。

「あなた、謝礼をもらったでしょう、あれほど忠告したのに。馬の額のトルコ石はそうでしょ！」

頭痛で弱り切ったグソンマの様子を見て、ディンバシロは魔女に手を下す好機がきたと悟った。

ディンバシロはお経を唱《とな》えながら、右手で金の鈴を鳴らし、左手で太鼓を叩き始めた。するると、それを合図に三百六十の信者が集まり、魔女の道具を掘り出して、グソンマを九本の麻縄で縛り上げて銅鍋に投げ込み、棘を燃やして骨も溶けるまで煮込んだ。こうして魔女のグソンマを退治することに成功した。

それ以来、ディンバシロはトンパ教の始祖と崇《あが》められるようになったという。

ヌー族の民話

ヌー族から文字が消えた理由

昔、幼子を抱えたまま、夫に先立たれた女がいた。生活が苦しく、金持ちに食糧を借りて細々と食いなぐほかなかった。借金が返せなくなると、重労働で返済することになった。しかし、もとより体の弱い女はとうとう子どもを残して死んでしまった。孤児となった子どもは母親の借金を背負うことになり、柴刈りや放牧をして生きるしかなかった。辛く寂しい孤児は、雨の日も雪の日も、毎晩、母の墓前で泣いた。

天界の七姉妹《しまい》がその様子を見て、痛く心を打たれ、その成長を見守ることにした。

日が経ち、孤児は大きくなったが、雷が鳴り響き稲妻が走る嵐の夜、またしても孤児の悲しい泣き声が聞こえてきた。

「この子は十分苦労してきました。何とか幸せにしてあげましょうよ」

七姉妹はいろいろと相談した結果、年齢的に最もふさわしい六星姫《むつぼしひめ》が地上に降りて孤児の嫁になり、助けることにした。ただし、これは天界の法則に背《そむ》くことなので、露見《ろけん》したら厳しい罰を受けなければならない。それを知りつつ六星姫は他の姉妹の協力を頼りに地上に舞い降りた。

六星姫は孤児の前に姿を現し、結婚を申し込んだが、孤児は一文無しの自分が妻に苦労ばかりかけるだろうからと言って断った。

「世の辛酸をなめ尽くしたあなたのことですから、二人で力を合わせて働けば、必ず幸せになりますよ」

孤児はついに六星姫の心を動かされ、喜んで結婚することにした。

妻となった六星姫は他の姉妹の協力で質の良い靴をつくり、金持ちの主人に売って、間もなく借金のすべてを返済することができた。働き者の孤児は畑仕事や狩猟にも精を出したので、二人の暮らしは豊かになり、男の子が生まれた。息子はすくすくと育ち、塾にあがって勉強もよくできた。

ある日、六星姫は夫に天界から来た経緯を打ち明け、もう天界に戻らなければならないと告げて去って行った。

その後、息子は勉強が良くできることで嫉妬を買い、塾で野良っ子と罵《ののし》られ、いじめられた。ある日、母親の行方をしつこく尋ねたが、答えに窮した父親は先生に聞けと言った。いじめに遭った息子を哀れに思った先生は書物を調べた後、

「ここをまっすぐ行って山を越え、赤い湖の畔《ほとり》に着いたら、そこで夕暮れまで待ちなさい。七羽の鴉《からす》が必ず現れるから、その六番目があなたのお母さんだよ」

と教えた。

翌日、息子は長刀と弓を身につけて、母探しの旅に出た。


何日歩いただろうか、息子は赤い湖の畔にたどり着き、母親に会いたい一心で夕暮れを待った。

すると、七羽の鴉が現れ、水辺でしばし羽を休め、また飛び去ろうとした。六番目の鴉が舞い上がろうとした時、

「母ちゃん、母ちゃん」

と息子が大声を上げて引き止めた。

するとその鴉は女性の姿に変わり、息子を抱き寄せて懐かしみ、悲しい涙を流した。

そして、母は、「天界の決りで地上に戻ることはできないの」と言って、息子に青色と赤色の瓶を渡し、さらに、

「蓋《ふた》がしてある青色の瓶を背中に、蓋をしてない赤色の瓶を胸にかけておきなさい。次に野良っ子と言われたら、母からこの瓶をもらったと言い返せばいい」

と言い残して、しがみついて引き止める息子の手をほどき、後ろ髪を引かれる思いで飛び去った。


息子が村へ戻ると、「いもしない母親を探しに行くなんて！」と罵られた。

息子は胸元《むなもと》にぶら下げた赤色の瓶を指さして、

「この瓶は母ちゃんからもらったものだ」

と言い返すと、子どもの一人がその瓶を奪い取り、塾へ走って行った。すると、瓶から炎が噴き出し、塾も先生の書物もすべて焼き尽くしてしまった。

これから後、ヌー族の世界から文字が消え、誰一人として天界のことを知る者はいなくなったという。

天の怒りをかった巨人のツハイワハイ

大昔、天と地は近かった。それを不満に思うツハイワハイという巨人が、少しでも天を上に押し上げようと、毎日、大きな木の棒で天を突き上げたが無駄骨だった。

ある日、丈夫な木の棒を探すために森に入ってみると、大きな石の柱が虹色の光を放って、ニョッキリと立っていた。ツハイワハイは興奮して石柱を持ち上げ、振り回してみた。

「こいつがあれば、天に穴を開けることができるぞ」

ツハイワハイは石柱を岩や丘に目がけて投げてみた。

すると、岩は千々に砕け、丘が崩れた。

「こいつにはとんでもない怪力が秘められているのだ！」

そこで、ツハイワハイは渾身の力を振り絞って、石柱を天に向かって投げ上げてみた。

すると、ゴロゴロと大きな音が鳴り響いたかと思うと、天の幕が目もくらむほどの虹色の光を放ちながら、ユラユラと上がり始めた。

天上に住む天の王様は突然の震動に驚き、そのわけを黒髭《ひげ》の老人に聞くと、ものすごい剣幕で怒鳴《どな》った。

「なんということだ！　この身のほど知らずのうぬぼれめ、天の庭をなんと心得ているのだ。奴から太陽を取り上げて、懲らしめてやれ！」

黒髭の老人は直ちに天の王様の命令を太陽神に伝えた。

すると、下界は暗闇に閉じ込められてしまい、さすがのツハイワハイも畑仕事ができなくなり頭を抱えた。が、間もなくして一計を思いついた。

松の木を抜き取り篝火《かがりび》に焚《た》いて明かりにしようとしたのだった。

ところが、人間も動植物も炙《あぶ》られてばかりで弱ってしまった。

そこでツハイワハイは石柱の力でなんとかできないかと考え、石柱を篝火に突き刺してみた。すると、なんとその炎の塊がユラリと空に舞い上り、輝く太陽になった。それで自信を得たツハイワハイは、大地の改造に乗り出すことにして、まずはあちこち我がもの顔で暴れる洪水を海へ引き込み、木や草花を植えてむき出しの大地を飾った。

「勝手に太陽をつくるなどとんでもない！」

天の王様はますます怒りを募らせ、さらに罰を与えなければ気が済まなくなった。

数日後、ツハイワハイは道端で一匹のカタツムリと出会った。カタツムリは執拗にツハイワハイの後をついて離れようとしなかった。ツハイワハイがその理由を聞くと、カタツムリは塩の井戸へ塩を買いに行くという。

「塩を買いに行くのに、なぜおれの後をついてくるのか」

「あなた一人の道でもあるまいし、どうしてわたしが歩いてはいけないのですか」

返答に窮したツハイワハイは、わざと左に寄ったり右に寄ったりしてみた。が、やはりカタツムリは後をついてくるので、彼は怒ってカタツムリを踏み殺した。そして先へ進もうとしたところ、足の裏に棘《とげ》のようなものが刺さったらしく、ズキンズキンと痛み出し、頭が冷や汗でびっしょりになった。しかも、それをほじくり出そうとすればするほど、足の中へ食い込んでいくのだった。

その時、一人の黒髭の老人が現れた。足の裏の棘を抜き取ってくれるように頼むと、老人は黙って空に向かって一つ手招きをした。すると、どこからか一群の金蠅《きんばえ》が飛んできた。老人はその金蠅を揉み潰し、ツハイワハイの足の裏の傷口に擦り込んだ後、雲に身を変えて姿を消した。やがて傷口は見る見るうちに化膿して、七日後、ツハイワハイは道端に倒れて死んだ。


天上の白髭の老人がツハイワハイを哀《あわ》れに思い、雲に乗って彼の側に下りて来ると、蟬《せみ》とスズメバチを呼びつけて、死を悼む歌を唄わせた。

蟬は悲しく唄ったが、スズメバチは唄いながら死者の肉を突いて食べた。怒った白髭の老人は、スズメバチの体を切断して腹部を切り取り、再び首と尾をくっつけて腰のない体にした。そして、ツハイワハイの巨大な体を埋葬するのは難しいので、その体をバラバラにして、それぞれ違う場所に埋めた。

すると、肉を埋めたところは、たちまち山と丘に変わり、最後に頭を粉々《こなごな》にして、その上に振り撒《ま》くと、山と丘にうっそうとした森が生まれた。

おかげでこの世の大地は美しくなったという。

みなし子チロゾ

チロゾは一歳になる前に母親を、四歳で父親を亡くした。兄弟はなく、そばにいてくれるのは一匹の子犬だけだった。幼いチロゾは巣立ち前の雛《ひな》のように自ら食べ物を手に入れることもできず、森の奥にある家に閉じこもっているしかなかった。昼は屋根の上を飛び回る小鳥を眺め、夜はビュウビュウと森を吹き抜ける強い風の音を聞いて過ごした。

数か月もすると、父親が残してくれた蕎麦粉やトウモロコシは底をつき、家の前の水樋《とい》を流れる泉の水以外、口に入れられるものは何もなくなった。食べ物が尽きて三日目、ひもじくて我慢の限界を迎えた時、チロゾは父がよく甘い果実を摘んでくれたことを思い出し、思い切って谷のほうへ向かった。すぐに見覚えのある果実を見つけ、とりあえずペコのお腹を満たした。だが、野生の果実を摘んで食べ歩くうちに道に迷ってしまい、先へ進むほかなかった。そうしているうちに唯一の仲間だった子犬も力尽きて倒れた。

天涯孤独の身になったチロゾは歩きに歩いて、山険しく谷深いところまで来てしまった。天にまで届くほどの古木で覆い尽くされた密林で、木漏れ日が差し込む余地もなかった。骨身に沁みるほどの寒さが薄っぺらの服を通り抜けてチロゾを襲った。腹を満たす果実は見当たらず、グルグルと鳴る腹の音が一層ひもじさを掻き立てた。おまけに弱り目に祟り目、バケツをひっくり返したような雨が降ってきた。チロゾはついに大きな岩の横で気を失った。

その近くに一匹の雌鹿が住んでいる大きな洞窟があった。雌鹿は大雨で死にかけていたチロゾを見つけ洞窟に運んだ。全身を青紫色にして凍える男の子をなんとか助けようと、鹿は乾いた藪草をかき集めてその体にかぶせ、乳首をその口に押し込んで暖かい乳を流し込んだ。

夜中に目覚めたチロゾは、そこはかとない温もりと安堵感を覚えた。と同時に優しい声が聞こえた。

「安心しなさい、わたしがお前のお母さんだよ」

母親の温もりなど知らないチロゾにとって、飢えることさえなければ、鹿と一緒に暮らすのも悪くはなかった。

それからというもの、一日三度鹿から乳をもらい、食べる心配はなくなった。寒くなれば洞窟の奥へ移り、暑ければ高い山頂がこの上ない避暑地となった。雌鹿はより良い乳を出すために、わざわざ遠くへ行って栄養のある若草や清水をとってきた。チロゾを背中に乗せて遊んでくれたり、チロゾに怪我をさせてはいけないと、鋭い角を粗い石で丸く削った。鹿との暮らしはとても心地良かった。

幸せに暮らすこと数年間、チロゾは顔が真ん丸になり、手足が丈夫になり、背丈がぐんぐんと伸びた。それとひきかえに、雌鹿は年をとって体力が衰え、なにより困ったことに、乳の量がどう頑張ってもチロゾの需要に追いつかなくなった。それどころか、雌鹿は日ごとに痩せ衰え、毛も抜け落ちた。ひどく痩せ細った鹿の体にあたると痛いから、とチロゾは鹿のそばで寝ることを避けるようになった。

ある日、雌鹿が真剣な顔でチロゾにこう言った。

「わたしはすっかり年老いてしまった。乳も出なくなったし、これ以上はお前を養うことができない。お前はもう自分の力で村に帰ることができる。人間と一緒にいれば、乳よりもおいしいものがあるはずだ」

雌鹿のそばを離れる好機到来とチロゾは少しばかり喜んだ。

数日後、チロゾは夜明けとともに、シリウス星の方角に向かって出発した。ところが、森を抜けて山間に来た時、灼熱の太陽に焼かれて肌がズキズキと痛み出し、チロゾは音《ね》を上げて引き返した。雌鹿はうなだれて帰ってきたチロゾの口に干からびた乳首を含ませて、再度人の住む村に帰るよう説得した。

翌日、チロゾは先日歩いた道をたどってふたたび山間まで来ると、山の天気はひどく気紛れで、突然、突風とともに激しい雨に襲われた。雨降れば冬、ずぶ濡れになったチロゾは寒さでかじかんだ体を震わせながら、またも雌鹿のもとへ引き返した。雌鹿はおめおめと返ってきたチロゾの不甲斐なさに呆れて言葉を失った。同時に、一滴も乳を出してやれない自分の身を歯痒く恨んだ。

その夜、チロゾは激しいひもじさに耐えきれず気が狂いそうになり、とんでもない妄想にかられた——この老いぼれ鹿、いっそ早く死んでくれれば、その肉でなんとかなるのに。

だが、雌鹿はすっかり弱り果ててはいたが、チロゾの妄想とは裏腹にシャンと立っていた。チロゾは支離滅裂な思いを頭に巡らせながら、うつろな目で雌鹿をじっと眺めていた。やがて、チロゾは奥歯をギュッと噛み締めて立ち上がり洞窟を出ると、暗闇の中で武器になりそうな石や棒をさがしてまわった。

チロゾが武器を手に洞窟に戻った時、雌鹿はすでに洞窟から消えていた。チロゾの本心を見通していたのだった。チロゾはがらんとした洞窟の真ん中で唖然として立ちすくんだ。ビュウビュウと吹きすさぶ風の音がチロゾの心の闇の喚き声のように聞こえた。

チロゾは我に返り、よろめきながら洞窟の外に出ると、不気味な暗闇に向かって力の限りに叫んだ、

母ちゃん

母ちゃん

…………

人と猿の結婚

大昔、二人の兄弟がいた。兄は畑仕事をしながら家を守り、弟は手に職をつけるために家を出た。貧乏がゆえに、兄はいい年になっても男やもめだった。

ある年、ものすごい干ばつで凶作になり、兄はわずかに残った麦の落穂を拾って、飢えを凌ぐよりほかはなく、彼が落穂を拾っていると、一群れの猿がやってきた。そして、一匹の雌猿がこの正直者を憐れに思ったのか、麦拾いを手伝い始めた。翌日もまた、この雌猿は夜明けとともに畑にやってきて、麦を拾い、拾った麦をすべて兄にやった。三日目、四日目も同じように働いた。そうこうすること七、八日が過ぎ、二人の間に情が芽生え、兄は雌猿のことが愛しくなり、雌猿も兄の元を離れられなくなった。そういうわけで、二人はめでたく結ばれ幸せに暮らし、男の子を二人、女の子を一人をもうけた。

そんなある日、職見習いに出ていた弟が弩弓《いしゆみ》を携えて、十年ぶりに家に帰ってきた。もちろん弟はまだ兄嫁に会ったことはない。家に着いた時、兄嫁は川の向こう岸へ麦の刈り入れに行っていた。夕暮れになっても嫁が帰って来ないので、兄は心配になり、川を渡るために張った綱のところへ様子を見に行くよう、弟に頼んだ。

弟は渡り口で長い間待ってみたが、人影一つ見えないので引き返そうとしたところ、一匹の猿が大きな袋を背負い綱を伝って川を渡ってきた。その光景を目にした弟は驚きのあまりにひどく取り乱し、思わず弓を持ち上げ猿を射落とした。まさか兄嫁とは夢にも思わずに。弟は家に戻ると、ことの一部始終を兄に告げた。兄は胸を叩き地団駄を踏んで、大声で泣き叫んだ。働き者で心優しい妻を、頭がよくて手先が器用な妻を、愛し愛された妻を失い、兄は三日三晩悲しみ続けた。弟も取り返しのつかないことをしてしまった自分を責め、兄のそばで悲しい涙を流した。

雌猿の無残な死を知らされた仲間の猿たちは悲しみ、激しく怒った。何百という猿が集まり、棒を振り回しながら、兄弟を成敗しようと押しかけてきた。

猿の大群は、兄弟の家の前に来ると大声で罵った。

「この恩知らずの薄情者、雷に打たれて死ぬがいい！　天誅を下してやる！」

兄は猿たちの罵声を浴びて狼狽《うろた》え、顔を出すどころか泣きながら布団に潜り込んだ。弟は、これ以上猿たちを傷つけるには忍びないと思ったが、猿たちはなかなか引き揚げる気配がなかった。そこでイナゴを千匹ほど捕らえてきて、猿たちが攻めてこようとするところに、そのイナゴをまき散らした。猿たちは体中に張りついてくるイナゴを追い払おうと、互いに体を叩き合った。ひとしきりどたばたした後、イナゴは無傷なのに、猿たちは体中傷だらけになった。一杯くわされた猿たちは悔し涙を流しながら、傷ついた仲間を連れて山の中へ返って行った。

それからというもの、人間と猿は互いに恐れ、結婚することはなくなったという。

ハニ族の民話

①イエンベンホベン——神様の誕生

大昔、この世は天もなければ地もなく、茫々《ぼうぼう》たる霧だけが逆巻《さかま》いていた。気の遠くなるような歳月が過ぎ、果てしない大海原が生まれ、②ミウエシエマという大きな金魚が現れた。その長さは九千九百九十九メートル、幅は目の届くかぎりという巨大さであった。

数え切れないほどの年月が経ったある時、ミウエシエマが左右の鰭《ひれ》を一回ずつ煽《あお》ると、霧がきれいに追い払われ、透き通るように青々とした空と褐色の大地が姿を現した。

さらに長い月日が過ぎ、ミウエシエマが大きな鱗《うろこ》を逆立《さかだ》てて躯《からだ》を揺《ゆ》らすと、無数の金色の光がぱっと放たれ、その首から太陽神のヨロと月神のヨベンの二柱《ふたはしら》の神が生まれ出た。

①ハニ族の言葉で「神の歴史」の意味。
②ハニ族の言葉で「地上最大の金魚婆」という意味。

次にミウエシエマが躯を揺らすと、背中の鱗から天神のオマと地神のミマが生まれた。さらに腰のくびれから人間の神として男神のイエディと女神のディマが生まれ、最後に尾鰭《おひれ》から力持ちの大神、ミツツマが生まれた。神たちは生まれ落ちるなり、それぞれ天上地上のしかるべきところへ行った。大海に取り残されたミツツマは、二柱一組となって去って行く神々の後ろ姿を眺めながら、少し臍《へそ》を曲《ま》げていた。

「天上でも地上でも行きたければさっさと行きなさい。天だの地だのといったところで、わずか三分の一でしかない。三分の二を占めるこの水域はわたしの独《ひと》り占《じ》めよ。わたしこそ森羅万物の神なのだ」

ミツツマはミウエシエマの背中に跨《また》がって、時々、大きな手でミウエシエマの尾鰭を左右に動かしてみた。その度に、尾鰭が動くリズムに合わせるように、天と地がぐらぐらと揺れた。しかも、ミツツマの気分次第で揺れが速かったり遅かったりした。おまけに、ミツツマは裾《すそ》がずるずると果てしなく長い服を着ていた。彼女がその裾をひらひらと羽ばたかせると陽も月も陰り、天も地も暗くなった。そして、鼻や口から一息吹けば、どんなに大きな石でも持ち上げ、どんなに大きな木でも根こそぎ抜き出し、吹き飛ばされてしまった。さらに、オナラでもしようものなら、巨大な山がひとたまりもなく潰されてしまい、とにかく体中の穴から吹き出される息がとんでもない破壊力を持つ強風となった。神々はミツツマの所業に業を煮やし、制裁を加えようと闘いを起こした。

当時、天と地の間は均等に三つの層に区切られていた。上はベンソハ海と言い、太陽と月の縄張りで、下はロソソ海であり、土地の神様の故郷である。中間にあるニッツ海は持ち主が分からないばかりに、天神も地神もそれを我が物にしようとして戦争の火種となった。そのとばちりを受けて、人間の世界もかつて二度ほど大きな災難に巻き込まれたことがあった。一度目は大地が太陽の光で焼け焦《こ》げ、二度目は天までのみ込むほどの大洪水に見舞われた。

一方、天神のオマは天上のエンラ神殿に住んでいた。彼女は最も尊い神王のアピマイェンを産んだ。アピマイェンから二代目の神王、イェンシャが生まれ、イェンシャから三代目の神王、シャラが生まれた。そして、シャラから風、雨、雷、土地、種、水、田んぼ、水溝、金銀銅鉄錫《すず》の神々が生まれた。

ニツツ海は神たちが天と地の間を行き来するために必ず通る場所なので、天と地につながる大小七十七本の道が切り開かれていたが、生き物も死物もいない妖《あや》しい場所だった。そこで、天神や地神は、ニツツ海でも天と地、太陽と月をつくり、そこを美味しい食べ物のある場所に改造しようと決めた。そして、戦争の神であるジャリュアザが、神王のアピマイェンの命令を受けて、神を召集するために牛の角笛を吹き鳴らした。

神王の号令によって、天上、地上の神々が総がかりでニツツ海の改造に当たることになり、集まったその数は、見渡す限り神々の行列が続いた、というほどであった。

この偉業は天の造成から始まった。まず建築の匠といわれる天神のロデとエイが天の骨組みを建てた。蟻食いや虫食いを防ぐために、すべての材料に金と銀を使うことになった。

それから、大神のイェンシャは、九つの金銀の竹の束を細い竹ひごに引き裂いて、結び紐をつくった。燕《つばめ》のような飛神が翼を羽ばたかせながら、結び紐を天の骨組みにしっかり縛りつけた。そして、神たちは大きな緑石を一つずつ掘り出し、金の梯子《はしご》を使って運び上げ、天上に貼り付けて天空をつくった。仕上げに意匠《いしょう》を凝《こ》らして、篩《ふるい》の目のように天上に穴を開けて満天の星を散りばめた。さらに、西と東にそれぞれ二本の川を掘り、四方に四つの天門を開けておいた。西の川は露《つゆ》を、東の川は雨を流し落とすためだという。ついでに、最も有能とされる人間が三人つくられた。③頭人《とうにん》と④ベイマと⑤工匠《こうしょう》である。

　地をつくるためにロソソ海の大神、龍神と蛇王が招かれた。まず、十本の川が落ち合うところに地柱《ぢばしら》をつくらなければならなかった。それはニツ海の畔にあり、天と地の繋《つな》ぎ目にあたるところであった。大勢の神が手伝いに来た。彼らは大きな吹子《ふいご》を動かして、七十七本の強風と百色に及ぶ煙を休みなく吹き出した。さもなければ、地上に気《き》が生まれず、人間も動物も植物も呼吸することができなくなるからだ。

　金・銀・黄銅《おうどう》・黒鉄《くろてつ》を溶かして地柱を鋳造する時は、それを十本の川が落ち合う場所の水に浸《つ》けて、最も丈夫《じょうぶ》なものに仕上げた。それから龍王の頭にある金玉《きんぎょく》と蛇王の顎《あご》にある銀玉《ぎんぎょく》を使って地の梁《はり》をつくった。四本の地柱はそれぞれあの金魚（ミウエシエマ）の頭と尾鰭《おひれ》と左右の鰭の上に取り付けられた。そうすると、金魚は体を押えつけられて身動きが取れなくなり、大地は安穏でいられるのである。

　そして最後に、地柱の上に梁を取り付け、その上に地殻をかければ完成であるが、地殻つくりは容易ではなかった。材料となる黄土《きつち》と黒土《くろつち》は土神《つちがみ》の嫁の蔵から運ばれるが、蟻《あり》や

③集団のかしら、リーダー。
④ハニ族の原始信仰で祭祀を司る人、「モピ」とも言う。
⑤ものをつくる能力を持つ人。

おけら、みみず、わらじ虫が土の運搬にそれぞれ一役を買った。そして、地殻をつくる時、地の気《き》を通すために、地の目と呼ぶ多くの穴が開けられた。地の気がなければ、人間は三日間、草木や農作物は半日で死んでしまうという。

実は、地をどうつくればよいのか、大神たちも戸惑《とまど》った。

「天のように滑《なめ》らかで平らなものにすればいいだろう」

と言うと、すかさず蜂から反対の意見が出た。

「せっかくだから、蜂巣のように山あり谷ありにつくらなければだめでしょうが」

神々はその話に心から頷《うなず》き、金の鋤《すき》と鍬《くわ》を使って、満遍《まんべん》なく地を均《なら》すことにした。

しかし、この大仕事には誰が適任か、問題になった。

虎《とら》、兎《うさぎ》、龍《りゅう》、蛇《へび》、雄鶏《おんどり》、牛の順に試《ため》してみた結果、背幅が広く、丈夫で長い角を持った牛に白羽の矢が立った。そして、三柱《みはしら》の地神王が鋤や鍬を牛に取り付け、地表をつくることにとりかかった。これが、後々に丑《うし》の日を地づくりの日に選ぶ由縁《ゆえん》となったのである。

155 —— イエンベンホベン

オジャ

「森の寒さを知らざる者、囲炉裏の温もりを知らず」

ハニ族に古くから伝わる諺《ことわざ》である。火は人の世に光と暖かさをもたらす大事なものである。では、火の種を届けてくれたのは誰か。ハニ族に次のような話が語り継がれている。


大昔、人の世には火がなかった。ハニ族の住むアガプカという村は、一年中寒々とした空気に包まれ、家の中に光がさすことも、屋根から夕餉《ゆうげ》の煙が立ち昇ることもなかった。無論のこと、野生の果物も獲物の肉も生のまま食べるしかなかった。

村に勇敢で端正な顔立ちの若者がいた。名をオジャと言った。小さい頃から父親を知らずに育ち、母親と二人で細々と暮らしていた。

光陰矢のごとく過ぎ、オジャは十八歳になった。母親は、骨太でがっしりとした体格に成長した息子を、いつも目を細めて見ていた。

ある日、母親はオジャを呼び、

「オジャ、若角の生えた鹿や羽が生えそろった鳶《とび》のように、お前も一人前の大人になった。

父さんがどこにいるか、考えたことがあるの」

と涙を浮かべて言った。

オジャは母親の胸に飛び込み、涙を拭《ぬぐ》ってあげた。

「母さん、どうか悲しまないで。山奥の豹《ひょう》でさえ親を知っている。おれだって父さんのことが気になるさ。お爺さんから聞いたよ。父さんはこのアガプカで一番美しい鳶だったって」

母親は涙を堪えて、父親の話を切り出した。

「オジャ、本当のことを言うからよくお聞き。十八年前のことだけど、父さんはこの村で最も勇敢な若者で、畑仕事も狩猟もよくできた。鳶の爪から子羊を助けたり、狼の口から子どもを救って、皆に尊敬されていたの。でも、世の中に火がないばかりに、わたしたちハニ族はずっと飢えや病気に苦しんでいた。あるとき、父さんは火の種のことを耳にしたの。火の種ははるか遠くにいる一人の悪魔の額の真ん中にある赤い火の玉だというの。そして、それを手に入れるのはとても難しいということも。父さんは、この苦しみからハニの人々を救うためなら、どんな苦労も困難もいとわないと言って、火の種を取りに出かけたの。それが行ったきり、十八年経っても帰ってこない。もしかすると、石にされてしまったのかもしれない」

「どうして石にされたかもしれないんだ」

「老人の話によると、火を司る悪魔は石門山《せきもんざん》という高い山に住んでいて、火の種を取りに来た人間を石に変える魔法を使えるそうだ。これまで生きて帰って来た人は一人もいない。父さんは同じ目に遭ったのかもしれない……」

オジャはその話を聞いて目に涙を浮かべて言った。

「母さん、今度はぼくに行かせてください。必ず悪魔を退治し、父さんを見つけ、火の種を持って帰るから。ぼくたち家族がまた一緒に暮らすことも、村の人たちが光と熱を手に入れることも夢じゃないよ」

母は息子をしっかりと抱きしめて、頭を横に振りながら答えた。

「お前は目に入れても痛くないほど大事にしてきた息子よ。行かせるわけにはいかない」

それでも、オジャは自分の頬に落ちてくる母親の涙を拭いながら、切々と頼んだ。

「母さん、旅立つ山羊を洞窟に囲うことや、飛び立つ鳶を籠に閉じ込めることはできないよ。ぼくに行かせてください。父さんと火の種を探すためには、どんな苦労もいとわない」

息子の決意が固いことを見て、母親は引き止めるのを諦め、梁の上から竹製の刀のようなものを抜き出して、

「これはお前の武器だよ。恐れずに行きなさい。火の種を見つけるまで帰ってはいけない。わたしの心配は無用だ」

と言い残すと、毒性の強い孔雀《くじゃく》の糞をのみ込み、静かに息を引き取った。息子に自分への未練を断ち切らせ、潔《いさぎよ》く旅立たせるために自ら命を絶ったのだった。

オジャは母親の遺体を抱き上げ、「火種を見つけるまでは、決して帰らない」と心の中で誓った。その後、オジャは村の人々からはなむけに①キョンの干し肉や果物をもらい、最後に長老が谷川の水が入った瓢箪《ひょうたん》を手渡して忠告した。

①犬に似た吠え声を出すシカ科の動物。

「若者よ、お日様やお月様はいつもお前のそばにいる。勇気を持って行け。もしお父さんが本当に石になっていたとしても、二十一年以内にこの水をかければ、人間に戻すことができる。あと三年しかないが、今出発すればまだ間に合う。だがいいか、一旦道を間違えると、九年かかってしまうぞ」

オジャは母親を葬り、村の人々に別れを告げて旅に出た。


九十九《つづら》に折れた山道をたどり、険しい山や谷を幾つも越えたが、期限が切れる三か月前になっても、まだ目的の石門山に着かなかった。

歩きに歩いて、一つの分かれ道に来た。

「道を間違えたら、九年かかるぞ」

長老の言葉が耳に響いた。

オジャは誰かに道をたずねようと道端に腰を下した。しかし、いくら待っても、誰一人現れなかった。あと三日で二十一年になる。父を思うとじっとしていられなかった。

その時、突然一頭の白い小鹿が現れた。オジャはそれを殺そうと思ったが、奇妙なことに「傷つけてはいけない。道を案内してもらおう」と気が変わった。そして、竹の刀を納めて、最後に残った干し肉をその小鹿に食べさせた。小鹿は餌を食べ終わると、不思議なことに、ゆっくりといっぽうの道を歩き出した。オジャはその後についていった。

三日後、一つの山にたどり着いた。木も草もない、奇妙な形をした石が転がるだけの石山だった。たぶん石門山だろう。

小鹿の後をついて歩き回ってみたが、どれが父さんか皆目見当がつかなかった。今日中に見つけなければ期限が切れてしまう！　運を天に任せて人の形をした石に長老からもらった谷川の水を一滴垂らしてみた。すると、ひとしきりの笑い声とともに、かつて見たこともない美しい女が現れた。女はオジャに媚びを売るように言った。

「助けていただき、誠にありがとうございます。あなたの嫁になりたいです。一緒に帰りましょう。星がいつも月の近くにいるように、あなたのそばにいたいです」

だが、女がいくら哀願しても、オジャは取り合わなかった。

オジャは父を助けたい一心で、瓢箪の蓋を開けて、もう一つの石に水を撒いた。すると、虎や豹のほか、名も知らぬ野獣が数十匹も現れ、牙を剥いて吠えながらいっせいに襲いかかってきた。力の限り抵抗したが、血まみれになった虎の大きな口にのみ込まれてしまった。機智に富んだオジャが竹の刀で虎の腹をあちこち突き刺したので、虎は悲鳴をあげて死んだ。オジャはやっとのことで野獣の厚い皮を引き裂いて外に出たが、父の化身となった石を見分けることができなかった。

「父さん、息子のぼくが会いに来たんだ。目を開けて声をかけてください。故郷の水と村人たちの思いを届けに来たんだ。今日中にあなたの身に瓢箪の水をかけなければ、ぼくと父さんは二度と会えないんだ。父さん、聞こえる？」

オジャは大声で叫んだが、石の森は沈黙を続けるばかりだった。

その時、小鹿が後ろ足を一踏みすると、大きな音がとどろき山が揺れ、足元に一筋の溝が現れた。小鹿が迷わずそこへ飛び込み、オジャもその後を追った。

小鹿についてどれほど歩いたか分からなかった。

ようやく一つの石門の前に来た。オジャは力を込めて押してみた。びくともしなかった。ところが、妙なことに、小鹿が一蹴りすると門は簡単に開いた。オジャはすかさず飛び込んだ。

身にしみ込むほどの寒気がじわじわと襲いかかってきた。真っ暗で一寸先も見えない。オジャは勇気を振り絞り、小鹿の後ろについていった。鋭い石で足の裏が傷ついても、体中にひっかき傷を負っても気づかなかった。

急に一筋の明かりが差し込んできた。近づいてみると大きな洞窟だった。

すると、小鹿は美しい少女に変身してオジャに言った。

「あなたが悪魔の眉間《みけん》の真ん中にある灯りを取りに来たことを知っています。お手伝いしますから、わたしを助けてください」

「どうすればいい？」

「心を悪魔に奪われ枕の下に隠されたのです。悪魔が眠っている間に、わたしの心を取り返してください」

「助けてあげるよ」

オジャが承諾すると、少女は、

「その灯りを奪い取ったら、この凶悪な悪魔にのみ込まれてしまうでしょう。悪魔の頭のてっぺんに一本の金色の毛が生えています。それを引き抜けば、悪魔は魂が取られたように身動きができなくなります」
と言って、洞窟に入った。

オジャは洞窟の中を見回した。灯りで真昼のように明るかったが不気味だった。壁にはさまざまな獣の頭蓋骨がぶら下がり、床にはいろいろな骨が山のように積まれていた。ぐっすりと眠っている悪魔は、目が丸々と膨らみ、獅子《しし》の鼻ほどに大きな鼻と熊のように醜い口をしていた。

少女が足を忍ばせて悪魔に近づき、様子を確かめるとオジャを手招きした。オジャは素早く洞窟に入り、少女の心を取り返した。少女はそれを受け取ると、一筋の煙となって消えた。

しまった！　案の定、悪魔を起こしてしまった。悪魔は一つ寝返りを打ち、目を覚まそうとしていた。オジャは素早く火の玉を取り、金色の毛を抜き取ろうとした瞬間、悪魔はすっかり目を覚まし、獰猛《どうもう》な形相を露《あらわ》にして飛び掛かってきた。

オジャが洞窟を飛び出して逃げると悪魔は食らいついてきた。火の玉を悪魔に奪い取られないように、オジャはそれをのみ込んだ。次の瞬間、オジャは悪魔につかまり、金色の毛を抜き取ろうとして、二人はくんずほぐれつの激しい闘いになった。だが、悪魔の怪力にはかなわず、オジャは押し倒され、そのはずみで瓢箪が割れ、水が近くの石にこぼれた。この石こそ父の化身だったが、期限が過ぎていたので、人間に戻ることができず煙となってしまった。

その煙で悪魔の目が遮《さえぎ》られた。金色の毛を抜き取る絶好の機会。ところが、重傷を負ったオジャはあまりの苦痛で全身の力が抜けてしまい、悪魔につかまってしまった。悪魔はオジャの胸を引き裂いて火の玉を取り返そうとした。その瞬間、父が化身した煙がオジャをのせて空高く飛び去った。追いかけるすべのない悪魔は、火の玉に魔法をかけ、オジャの胸の中はぼうぼうと燃え上がった。


オジャは父の煙に包まれて、故郷の近くの山に送られ、最後の力を振り絞って体を起こし、お爺さんの名を呼びながら村へ向かった。

燃え上がる炎に心を焙《あぶ》り焼かれるオジャは、村へ向かってひたすら歩き続け、ついに力尽きて倒れてしまった。村人が駆けつけてきたが、オジャは言葉を発することができず、ただ焼かれる自分の胸を指差すだけで、どうすることもできなかった。戸惑う村人を前に、オジャは最後の手段を取るしかなかった。母親にもらった竹の刀を取り出し、最後の力を振り絞って自分の胸に突き刺した。火の玉が地面に転がり落ちて燃える火となった。

こうして火の種が村に届けられ、村人に光と熱が授けられた。オジャはそれを見届けると永遠に目を閉じた。以来、ハニ族では「火」を「オジャ」と呼ぶようになった。

龍祭りの由来

毎年三月、龍の干支《えと》にあたる日は「龍の日」といって、ハニ族の最も重要な日である。

はるか昔、七十七世帯の①ビヨ人が暮らす村に三姉妹が住んでいた。龍の日に三姉妹が川でオナガサナエのさなぎをとっていると、②ドウイの実が一つ流れてきた。色鮮やかで見るからにおいしそうな果実だった。葉がみずみずしいところをみると、木が近くにあるに違いない。三姉妹が川を上っていくと、橙色の果実がたわわに実る木があった。しかし、見上げるほどの巨木で、そこから実をとるのは至難の業に思えた。ところが、よく見ると、一人の若者が木の上でその果実を摘んでいるではないか。

そこで、

「おーい、そこのお兄さん、その果実をすこし摘んでくれませんか」

と頼んでみると、

「いいよ。実を落とすから、目をつぶりなさい」

と明るい声が返ってきた。

次女と三女は言われるとおりに固く目を閉じたが、長女は薄目を開けて盗み見をした。

①ハニ族支系の一つで、主に雲南省南部、中部に暮らす。

②バラ科の常緑樹。酸味のある実をつける。

顔立ちの整った若者がニョロニョロと長い尻尾《しっぽ》を伸ばして、手の届かない枝の果実をぱらぱらと落とした。長女はびっくりして、拾い上げた実にかじりつこうとする妹たちを引き止めたが、手遅れだった。三女はすでに噛み切ったものをのみ込んでしまった。長女は三女の手にあった果実の半分を払い落として注意した。

「あのお兄さんは、どうも人間じゃないようだ。長い尻尾をもった怪物よ。この果実はその尻尾で叩き落としたもの。よく見てみなさい」

再び見上げると、いつの間にか若者の姿は消えていた。三人は驚いて足早に山を下りた。

その晩、荒々しく吠える犬の声で目が覚めた母親が長女を起こして言った。

「何があったのか、見に行きなさい。牛が逃げ出したかもしれない」

「牛はちゃんと繋いであるよ」

様子を見て戻ってきた長女は、不満げに言った。

しばらくするとまた犬が吠え出した。

「イタチがまた鶏をさらいに来たのかもしれない」

今度は次女が駆り出された。

次女は外を一回りすると、不審なことは何もなかったので、

「こん畜生、何もないのに無駄に吠えたりして！」

と、不機嫌に言い放った。

そして、鶏が三度目に鳴いた時、犬が前にもまして激しく吠え出した。

「この吠え方は尋常じゃないよ。はやく様子を見ておいで。用心に越したことはないよ」

三女は母親に体を揺すられて目を覚まし、身なりを整えて出て行った。

だいぶ時間が経って戻ってくると、

「ドウイの実を摘んだお兄さんがわたしを迎えにきたの。彼について行きたい」

と軽やかに言った。母親は驚いて起き上がり、三女の腕をつかんで言った。

「どこの馬の骨か分からない男について行くなんて、ダメに決まっている」

「お母さん、ごめんなさい。彼について行くって約束したの。③一輪十三したら挨拶に戻ります」

引き止めても無駄だと悟った母親は、諦めたように忠告した。

「どうしてもというなら、行く道沿いに竈《かまど》の灰と糠《ぬか》を撒きなさい。母さんはそれを手がかりにお前を追って行くから」

夜が明けると、母親は灰や糠の痕跡をたどって、山の麓にある井戸のそばまで来たが、痕跡はそこで消えていた。

「龍宮の者にでも惚れて連れ去られたのだろうか」

としばらく考え込んでいたが、なんの手立てもないので肩を落として引き返した。

冬が去り春が訪れ、カッコウが鳴き始めた頃、母親は田植えに出かけた。その途中、道端の木から一羽のウタツグミの鳴き声が聞こえてきた。

「赤ん坊が生まれて一か月、娘が帰ってくる。はやく迎えに行きなさい」

③ハニ族の結婚習俗。十二日を一輪として結婚式を挙げ、十三日目に新郎新婦が酒・肉などを持って新婦の実家へ行き、親と家の神様に別れを告げる儀式を行い、結婚式の終了となる。

「それがほんとうなら、わたしの手のひらに乗りなさい」

と、母親が半信半疑で言ってみると、はたして鳥は手のひらに飛び乗った。

母親は、早速、井戸端に駆けつけてみたが娘の姿はなかった。目を閉じて娘がいそうな場所を考えていると、背後から「お母さん」と呼ぶ声が聞こえた。

目を開けると、赤ん坊を背負った三女が微笑みながら立っていた。手を取って互いの無事を確かめ、二人は家へ向かった。

家に帰りつくなり、母親が待ちきれずに孫の顔を見ようとした。すると三女は「やっと眠りについたのよ、そっとしておいて」と遮り、「久しぶりに実家に戻ったのだから、水汲みに行ってくる」と気を利かせて言った。

「外は暑いから、赤ちゃんをこの木のたらいに寝かせておいたらどう」

赤ん坊にはぴったりだったので、三女は子どもをたらいに寝かせ、母親に言った。

「お母さん、わたしのいない間、この子に触らないでね、泣き出したら大変だから」

「分かった、分かった。そっとしておけばいいのだろう。火を焚いておくから、早く水を汲んできて」

娘の足音が遠ざかると、母親は待ちきれずに赤ん坊の布団を剥ぎ取った。

どういうことか、木のたらいにはまるまると太った一匹の鯉が寝ていた。

「まんまと騙された。とんでもないいたずらをしてくれたものだ」

母親は思わずニッコリした。実は先ほどまで、「ご近所へのお土産に餅の一つも持ってこなくては非常識だ」と、手ぶらで帰ってきた娘を心の中で責めていたところだった。

こんな立派な魚があれば、なんとか体裁は整うし、魚粥にすれば村人全員にごちそうすることができる。母親はさっそく魚粥の支度を始めた。

その頃、三女は井戸端で悪戦苦闘していた。井戸の水を汲んでも汲んでも、水筒を満たすことができなかったからだ。とうとう苛立ちはじめたその時、一匹のウタツグミが現れて唱った。

「魚粥つくりゃ、赤ん坊お陀仏だ」

三女は胸騒ぎがして矢も楯もたまらなくなり家へ駆け戻り、すぐさま木のたらいを確かめると、赤ん坊の姿がなかった。

「お母さん、息子をどこへやったの」

「お前のいたずらにひっかかるところだったよ。あの鯉なら魚粥にしたよ」

「粥は？」

「村の七十七世帯にご馳走したよ。お前の分はちゃんと……」

母親の言葉が終わらないうちに三女は家を飛び出し、村中の家をまわって魚粥を食べたか尋ねた。その結果、留守にしていた兄妹以外、一人の漏れもなく食べたという。この期に至って、三女は真実を告げるしかなかった。

「母はとんだ間違いをしでかしました。龍の子を魚粥にして皆さんに食べさせてしまったのです。必ずや龍王から罰が下ります。人間も家畜もその災いを免れることはできないでしょう」

三女はその言葉を言い残して、姿を消した。

しばらくすると、黒雲がたちまち空を覆い尽くし、雷がとどろき稲妻が真横に走り、村は激しい嵐に襲われた。洪水があっという間に平地を大海原に変え、山をのみ込んだ。人間は皆、罰を受けて溺れ死んだ。魚粥を食べなかった二人の兄妹だけが助かり、人間の種を存続させることができた。

それ以来、ハニ族に龍を敬い祀る習俗が生まれたという。

太陽と月

遠い昔、高い山の村に母と二人の娘が住んでいた。母親は若くて気立てがよく、十二歳と六歳の娘は名をアペとアニュといった。

ある日、母親は娘たちに次のような話を言って聞かせた。

「昔、お日様とお月様があった。昼はお日様がくまなく照らしてくれて暖かかったし、夜はまん丸のお月様があって明るかった。人々はお日様とお月様をありがたく思っていた。ところが恐ろしい鬼婆《おにばば》が現れて、それをのみ込んでしまい、それ以来、生活は辛くなった。ほら、昼も夜も区別がつかず、ずっと真っ暗で、畑仕事をしようにも何も見えず、作物も育たない。それにいろんな妖怪がやってきて、悪いことをするようになった」

母親は長いため息をついて、話を続けた。

「誰か鬼婆を退治して、お日様とお月様を取り戻してくれたら、どんなにいいことか」

二人の娘は母の話を繰り返し聞くうちに、温もりと光を届けてくれる太陽と月に感謝し、鬼婆をひどく憎むようになり、いつか自分たちの手でこの世に温もりと光を届けようと心に誓った。二人は以前にもまして母の手伝いに励み、幼いアニュは掃除や台所仕事や家事を覚えた。

「二人ともよく働くね。お前たちはいつかきっとお日様とお月様のようになるよ」

娘たちの働きぶりに、母親は思わず目を細めた。

ある日の夕方、母親が井戸へ水汲《く》みに行き、鬼婆のミョウロミョウノに食い殺されてしまった。鬼婆は「その娘たちも……」とばかりに母親の姿に化《ば》け、竹の水筒を背中にかけて二人の家へ向かった。

「①ミリ、ミリ、戸を開けておくれ、お母さんだよ」

入口の前に来ると、鬼婆は奇妙な声で呼びかけた。

「おかしい、お母さんの声じゃない！」

アペはドアを開けようとする妹を引き止めて言った。

「本当に母さんなら、手の指を見せてちょうだい」

鬼婆は手に泥をしっかり塗り付け、戸の隙間に指を差し込んだ。

泥だらけの指を見たアペは一目で母親ではないことに気付いた。

「本当にお母さんなら、壁の穴から入ってこれるでしょう？」

アニュが思わず姉に耳打ちした。その微《かす》かな声さえも鬼婆の地獄耳には聴こえてしまっ

①ハニ族の言葉で幼女に対する呼びかけの言葉。

た。鬼婆は家を一回りすると、すぐに穴を見つけた。早速、その穴から家の中へ入り込むと、母親らしい口調で二人に愛嬌よく話しかけた。

「はーい、お母さんと一緒に寝たい子は早く足を洗いに行って」

「わたしがお母さんと寝る」

無邪気な妹は、母の姿に化けた鬼婆を素直に信じたらしく、喜んで足を洗いに行った。アペは何も言わずに様子を見ることにした。

「顔はお母さんだけど、言葉遣いや仕草は違う！」

アペは妹の足を洗うふりをしながら、少しでも時間を稼ごうと、妹の足に鶏の糞を塗りつけた。

「お姉ちゃんの馬鹿、わたしの足に鶏の糞をつけた。臭《くさ》いよ」

妹が告げ口をすると、鬼婆は素知らぬ顔つきで、意地悪せずに早く妹の足を洗うように急《せ》かした。

アニュは鼻歌を口ずさみながら、母の寝床に入った。

「明日、柴刈りに行くから早く寝なさい」

鬼婆はアペにこう言いながら、頭の中は二人の子どもを食い殺すことでいっぱいだった。アニュはすぐに寝つき、鬼婆はアペを欺《あざむ》くために、鼾《いびき》をかいて寝たふりをした。

アペは耳をそばだてて、ずっと二階の気配をうかがっていた。だが、アペもしょせんは子ども。一日の放牧でくたくたに疲れていたので、夜が更けるとともに、ついうとうとと夢を見始めた。

山で柴狩りをしているらしい。なぜか体中の汗が止まらない。胸がどきどきする。少し休もうと振り返って見ると、一人のお爺さんが立っていた。

お爺さんは背が高く、赤い顔にごま塩の顎髭《あごひげ》を足元まで伸ばし、蓑《みの》を羽織《はお》って片手に杖《つえ》を持っていた。

「一人で山奥で柴狩りをするのは怖くないいか」

「怖くない」

「虎がいるよ…」

「わたしには刀があります」

「度胸のある娘だ。その知恵と勇気があれば、鬼婆を退治して太陽と月を取り戻せる」

〝鬼婆〟の一言に驚き、アペがさらに問い詰めようとした時、お爺さんは一陣の爽《さわ》やかな風とともに姿を消した。

アペは目が覚めた後も胸の鼓動が止まらず、体中が汗ばんでいた。

「夢か、いや、違う。これはお爺さんが助けてくれるという虫の知らせに違いない。きっとそうだ。妹の横に寝ているのは虎か鬼婆かもしれない」

アペは一とおり考えを巡らしていると、二階からガツガツと何かをかじる物音が聞こえてきた。

「お母さん、何を食べてるの」

「おじちゃんにソラマメの炒め物を少しもらったの、食べるかい」

返事が終わるか終わらないうちに、何やら冷たいものが鼻先に落ちてきた気配がした。触ってみると、なんと血だった。床板の隙間越しに覗いて見ると、母の顔が猪《いのしし》のように恐ろしく歪み、妹の手や足をかじっていた。

「紛れもなく鬼婆だ！　こいつを殺して、お母さんと妹の仇《かたき》を討とう」

と、アペは怒りと憎しみを心の中で募らせた。

その時、心臓のようなものが二階から転がり落ちてきた。アペは悲しみを堪《こら》えて、妹の心臓をそっと拾い上げて包んだ。そして、すぐにでも逃げようと思ったが、ドアを開けると気づかれて捕まると思い、慎重を期して、小便を口実に脱出することにした。

鬼婆は妹を食べている最中だったので、平静を装って引き止めた。

「おしっこくらい寝床の下ですりゃいいよ」

「お母さん、寝床の下には神様がいるからできないよ」

「かまどの後ろでしなさい」

「かまどの神様がいるよ」

「戸の後ろでしなさい」

「門の神様がいるよ。お母さんが言ったじゃないか。神様がいる所でおっしこをしてはだめだって」

「風邪を引くから、さっさと行ってきなさい」

口ではかなわないと知った鬼婆はアペが外へ出ることを許した。

「たかが小娘、わしの手から逃げられるわけがない」

と自分をなだめた。

アペは家を出ると一目散に逃げた。無我夢中で走っていると、夢で見た赤い顔のお爺さんが、あたかも導くように現れた。アペはその後を追って、泉の湧き出るところに行き着いた。そこに一本の梨の木があった。アペは迷うことなくそれによじ登った。すると、お爺さんは爽《さわ》やかな風とともに、また姿を消した。

翌朝、鬼婆がアニュの頭蓋骨を洗うために泉へやってきた。アペは怒りのあまり、鬼婆に向かって唾《つば》を吐いた。

「そこで何をしている」

鬼婆は真っ赤な舌をぺろりと出して、アペを見上げた。

「果物を摘んで食べてる」

「おいしいかい。母さんにも一つちょうだい」

鬼婆は食い意地をむき出しにして言った。

「いいよ。母さん、あーんして」

アペはさらに上へ登り、枝に下がった赤くて特大の梨をもぎ取ると、鬼婆の口を目がけて力いっぱいに投げた。大きな果実はすっぽりと鬼婆の喉に挟《はさ》まり、鬼婆は息が詰まって体が固まった。その隙に、アペは手当たり次第に木の枝を折り取り、勢いよく鬼婆の喉に差し込んでとどめを刺した。

しかし、鬼婆は命を落としてもなお、諦めなかった。鬼婆はアペが死ぬまで木から降りられないように、棘《とげ》だらけの蕁麻《いらくさ》に身を変えて梨の木を固く囲んだ。

なす術《すべ》なし！　アペはすっかり途方に暮れてしまった。

とその時、簑を羽織り、杖を片手に持ったお爺さんが水汲《く》みにやってきた。

「お爺さん、助けてください。その蓑を貸してくだされば、孫娘になって孝行します」

アペは一心に助けを求めた。

「わしにはもう孫娘がおる」

お爺さんは素っ気なく答えた。

「じゃ、二番目の孫娘になる」

「二番目の孫娘もおる」

………

「じゃ、九番目の孫娘になる」

「九番目の孫娘もおる」

「じゃ、十番目の孫娘になる」

必死に懇願するアペに心を動かされたのか、お爺さんは微笑《ほほえ》みながら蓑を脱ぎ、棘だらけの蕁麻を覆い隠すように広げた。

アペは木から下りると、お爺さんの顔をしげしげと眺めた。

夢に見た人にそっくりな、優しそうなお爺さんだった。そこで、アペは家族に降り掛かった悲劇の一部始終を語り、心臓しか残っていない妹を生き返らせる方法がないか、尋ねた。

「方法はある」

お爺さんは髭をしごきながら即座に答えた。そして、長い間《ま》をおいて真顔で話を続けた。

「いいか、おまえが殺したのは他でもない、太陽と月をのみ込んだ鬼婆だ。おまえの妹はもう生き返っている。見つかるかどうかはおまえ次第だ。見つかれば、おまえたちが太陽と月に変わるのだ」

アペはすぐにも妹に会いたい一心から感激の涙を流した。

「妹はどこにいるのですか」

「牛飼いの子と一緒にいる」

お爺さんはゆっくり答えると、アペが次の質問を投げかける前に姿を消した。


アペは、お爺さんの話を手がかりに妹探しを始めた。

牛飼いの子はすぐに見つかった。だが、アニュらしき娘は鴨《かも》飼いの人について行ったと言われた。それから、鴨飼いを経て鶏《にわとり》飼いにたどり着いたものの、アニュと覚しき子はすでに海のほうへ行ってしまっていた。アペはなにがあっても妹を見つける一心で、はるか彼方《かなた》の海へ向かって旅を始めた。

九つの大山を越え、九本の川を渡った時、アペの服はボロボロになり、足の裏には大きな肉刺《まめ》ができていた。しかし、海までの旅はまだ始まったばかり。これからさらに七十七の山を越え、七十七の川を渡らなければならないのかと思うと、さすがのアペも少し気弱になった。大きな岩石の上で手足を大の字に伸ばして寝転んだ。

真っ暗な世界に生まれ育ってきたので、特に不自由は感じなかったが、お母さんの言う温かく明るい世界が幻のように心を引きつけて止まなかった。

「自ら太陽と月になり、あの幻の世界を新たにつくるというのもいいな。可愛い妹に生きて会えるし、お母さんの夢をかなえてあげられる」

とりとめのない思いを巡らしているうちに力が沸いてきて、アペは再び海へ向かって歩き出した。

昼も夜も休むことなく七十七日歩き続け、七十七の山を越え、七十七の川を渡ると、海辺にたどり着いた。

砂浜に一匹の大きな蛙《かえる》がいたので、妹のことを尋ねてみると、蛙は「しっ」と指を口の前に立てて、小さな声でこう言った。

「ぼくが海の水を飲み干せば、妹さんに会えるよ」

そして、蛙は頭を海の中に突っ込んで水を飲み始めた。

すると、見る見るうちに海の水が干上がり、アニュの姿が頭から腰、足の順に現れた。

アペは妹を引き上げ、しっかり胸に抱き締めた。

二人はひとしきり再会を喜び合った後、早速、太陽と月のどちらになるか、役割の相談を始めた。その結果、夜道が怖い妹は太陽に、アペは月になることに決まった。そして、アペは恥ずかしがり屋の妹のために、服の縁飾《ふちかざ》りにきらきらと輝く金の片鱗《うろこ》を取り付けてやった。

いま、太陽を直視すると針で刺されたように目が痛くなるのは、そのためである。

プーラン族の民話

太陽と月を復活させたグミヤ

遠い昔、天や地はもちろん、草木も人間もなかった。至るところ霧とも雲ともつかない黒い影がゆらゆらと漂《ただよ》っていた。巨大な体をした神様グミヤは十二の子どもを率《ひき》いて、天地を切り開き、森羅万象をつくることにした。そして、必要な材料を求めて、日々、てんてこ舞いをしていた。

その頃、一匹の大きな①サイが雲や霧を友に、自由気ままに暮らしていた。グミヤはサイの体を材料として使うことにした。皮を剥がして天をつくり、目玉をほじくり出して星をつくった。そして、肉から土を、骨から石をつくり、血を水に、毛を色とりどりの草木や花に変えた。最後に、脳みそから人間を、骨髄《こつずい》から鳥、獣《けだもの》、虫、魚《うお》を誕生させた。

①原文はプーラン族の言葉で書かれており、サイかどうかは定かではない。

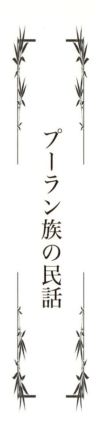

だが、まだ安心はしていられなかった。高く持ち上げられた天は支えがなく、いつ落ちてきてもおかしくないし、宙に浮いている地はひっくり返りはしないか……。

そこで、グミヤは知恵をしぼって対策を考えた。

天の東西南北の角にサイの足を立てて、天を支えた。それから、大きな亀を捕まえてきて、その背中に地をのせた。しかし、亀はそれを嫌がり、逃げることばかり考えていた。亀が少しでも身動きすると、地全体がぐらぐらと激しく揺れた。そこで、グミヤは自分に最も忠実な金鶏《きんけい》に亀を見張らせ、亀が少しでも動こうものなら、亀の目をつつくように命じた。それでも、たまに金鶏がうとうとした隙に、亀は身動きをして地震を引き起こした。その度に人々は米などを撒《ま》いて、金鶏を呼び覚《さ》ました。

何はともあれ、天も地も一応安定し、空は美しい雲やきらきらと輝く星に彩《いろど》られ、人々は地上で楽しく暮らすことができるようになった。小鳥は空を自由に飛び、蜂は花の群れを求めて歌い、②キョンは山野を駆《か》け巡《めぐ》り、魚は水の中を戯れ……

何という美しい世界だろうか！

グミヤとその子どもたちは思わず笑みをこぼした。

ところが、月に叢雲《むらくも》花に風、よいことは長続きしない。太陽九姉妹と月十兄弟がグミヤを妬《ねた》んで、総がかりで横槍を入れてきた。彼らはすべてを壊《こわ》す勢いで、いっせいに灼熱《しゃくねつ》の光を放った。すると、雲は色あせ、星は輝きを失い、地にひどいひび割れが起こり、作物や植物は枯《か》れた。そして、動物たちも災難を免《まぬが》れず、蟹《かに》、魚、蛇と蛙《かえる》は暑さで、それぞれ

②犬に似た吠え声を出す、シカ科の動物。

頭、舌《した》、足、尻尾《しっぽ》を失い、③石まで溶《と》けてしまった。

これは何とかしなければ！

グミヤは④吊花《つりばな》の木で弓をつくり、籐の蔓で弓弦《ゆづる》を紡《つむ》ぎ、竹を削《けず》って矢をつくった。さらに、矢の先に毒のある⑤龍潭水《りゅうたんすい》を塗って準備を整え、出発した。

グミヤは灼熱地獄《しゃくねつじごく》と化した山や川を越えて、最も高い山の頂《いただき》に登り詰めた。太陽姉妹と月兄弟が腕を競い合うかのように、火花を散らして焦熱《しょうねつ》を放ち続けていた。その凄《すさ》まじい光景を目《ま》の当《あ》たりにして、グミヤはこみあげてくる怒りを抑えきれなかった。噴《ふ》き出る汗《あせ》をぬぐう暇《いとま》もなく弓に矢をつがえると、一つの太陽を狙《ねら》って矢を放った。すると、天地を震わせる凄まじい音がするや否《いな》や、巨大な火の玉のようなものが山の谷へ転がっていった。案に違《たが》わず、的《まと》は見事に射止《いと》められたのである。

仲間をやられた太陽と月の攻撃は激しさを増した。グミヤを焼き殺そうといっせいに真っ赤な炎を放った。一刻《いっこく》の猶予《ゆうよ》も許されない！　グミヤは間髪《かんはつ》を入《い》れず、次から次へ矢を放った。どれほどの的を射止めたか分からないが、血の雫《しずく》が鮮やかな色彩を放ちながらほとばしり、グミヤの視界を真っ赤に染めた。激闘が終わり静寂《せいじゃく》がおとずれるとともに、土地も草花も少しずつ血の色に染まっていった。

生き残った一組の太陽と月が狼狽《うろた》えて逃げた。グミヤは月に狙《ねら》いを定めて、最後の一本の矢を放った。だが、さすがのグミヤも疲れ果てていたのか、矢は月をかすめて飛んでいった。その衝撃で月は熱を発することができなくなり、光が薄《うす》らいだという。命拾《いのちびろ》いをした太陽と月は二度と顔を出すまいと身を隠してしまった。

③金平県沙衣坂村の埋銀子坂にある大きな石に、人間や牛の足跡と思われる穴があり、それが石が溶けた証しと言われる。
④緑白色か緑紫色の花が長い柄につり下がって咲く。
⑤龍が棲む池の水。

そこで、グミヤは太陽と月を何とかして取り戻そうと、燕《つばめ》を使って太陽と月の行方を突き止めさせた。東の方角の天と地の果てるところに大きな岩屋《いわや》があり、そこに隠れているという。グミヤは鳥や獣たちを集めて、太陽と月を迎《むか》えに行かせることにした。

動物たちは燕を道案内にして揃《そろ》って出発した。声が大きく口達者《くちだっしゃ》な雄鶏《おんどり》や力強い猪《いのしし》が先頭に立った。蛍《ほたる》も大勢来てくれたので、道が明るくなった。行列にグミヤの姿はなかった。太陽と月の気持ちを思い、自ら身を引いたのである。

その頃、岩屋に引きこもった太陽と月は夫婦の契《ちぎ》りを結び、息を潜《ひそ》めて暮らしていた。ある日のこと、外に騒々《そうぞう》しい気配を感じ、彼らは岩屋の片隅に身を寄せ合い、耳をそばだてて様子をうかがっていた。動物たちが岩屋の前に到着したのだった。

雄鶏が咳払いを一つして、皆を静かにさせてから、美しい羽を広げ、首を長く伸ばして唱い始めた。

明るい太陽よ、
美しい月よ、
我々に温もりと明かりを
くださいますよう、
真心を込めてお願いします

雄鶏の悪意のない素直な歌声に少し安心したのか、太陽と月はおそるおそる返事した。

「でも、やはりグミヤに殺されるのではないかと怖いのです」

それを聞いた動物たちは口を揃えて答えた。

「お迎えに上がったのはほかでもなくグミヤのお考えなのです。殺すどころか、グミヤのお嬢さんが自ら一日三食を用意して、差し上げるということですよ」

それでも、太陽と月は不安を打ち消すことができなかった。

雄鶏はその気持ちを見通したように、こう約束を持ちかけた。

「これからぼくがお二人の呼び出し役を務めます。ぼくの鳴き声を聞いたら、岩屋から出てきてください。ぼくは絶対に安全な時にしか、鳴かないことを約束します」

雄鶏はさらに安心させるために、大きな木の⑥瘤《こぶ》を切り取って二つに割り、半分を岩屋に投げ込み、半分を自分の頭にかぶせた。それから、毎朝、太陽を呼び出すことが雄鶏の仕事となり、役目を果たせないものは殺されることになった。そして、グミヤの娘のグミシャフィマが、太陽と月の食事の世話役として、朝昼晩にそれぞれ乙女《おとめ》、美しいお嫁さん、白髪のお婆さんに姿を変えて食事の用意に務め、太陽には金の汁、月には銀の汁を与えることが決まった。

最後に、グミヤの指示で、太陽と月は昼と夜に分かれて役割が決められ、一か月の最初と最後の日を夫婦が岩屋で逢《あ》う日とし、暗闇が怖い妻の太陽は昼に出ることになったが、昼なら昼で恥ずかしいというので、夫の月が刺繍《ししゅう》用の針をあげて、「それでじろじろ見る

⑥プーラン族の習わしで、木の瘤を半分ずつ持つことで、永遠に約束厳守を誓う。

人の目を刺させばよい」と言って解決した。

万事《ばんじ》が整《ととの》い、いよいよ太陽と月が岩屋から出てくることになった。

ところが、岩屋の戸口《とぐち》を大きな岩が塞《ふさ》いでおり、皆で力を合わせても動かなかった。そこで、猪が歯を食いしばって力の限りに一突《ひとつ》きすると、苦もなく岩は取り払われた。

こうして、大地は初めて太陽と月の恵みを受け、生の喜びと希望に満ちあふれるところに変わった。

プミ族の民話

女性の始祖となったジュムルの物語

天と地が引き裂かれ、森羅万象が現れ始めた頃のお話だ。

ある日、天上で大きな爆音がとどろき、雷が鳴りわたったかと思うと、天と地が別れた。雷は火の玉となって地上に落ち、アブリュゴ山の中腹を貫いて大きな穴を開け、その穴口で一本の[1]バウオとなった。そして、雷で打ち砕かれた石の灰が自ら寄り集まり、人間の姿に固まった。それは美しく丈夫な体をした娘で、[2]ジュムルといった。

この地上で唯一無二の人間として生まれたジュムルは、たった一人で寂しく暮らしていた。話し相手もなければ慰めてくれる者もなく、ただひたすら歌を唱い続けるだけだった。

①プミ族の言葉で、男性の生殖器を指す。
②プミ族の言葉で「子どもを産む石」の意味。

見上げれば白雲は霞み
見下ろせば果てしない森
高山だけがわたしの友
羚羊《かもしか》がそばにいるけど
わたしの心を曇らせるだけ
誰かわたしと話をしてくれないか

その悲しい歌声は聞くに忍びず、岩や木々には白髪《しらが》が生え、渓谷のせせらぎも涙を流し、鳥たちは洞窟に逃げ込んだ。ついには、あのバウオもその悲しみに心を動かされ、突然に言葉を発して、彼女を慰めるように言った。

「ジュムルよ、君の歌は悲し過ぎる。これ以上は聞くに耐えない。おれでよければ、悩みを聞いてあげよう」

それ以来、ジュムルは話し相手を得て寂しさも悲しさも忘れた。

その頃、地上のあらゆるものがジュムルの美しさに心惹かれてやまなかった。彼らは、ぜひジュムルと夫婦の契《ちぎ》りを結びたい、と次々に結婚を申し込んできた。

最初に名乗りを上げたのは松の木だった。

「木の枝で家を建て、木の葉を継ぎ合せてふかふかの布団をつくっておきました。雨風の心配もなく、暖かい暮らしを約束します。どうかこの気持ちを受け止めてください」

「風に吹かれて唱うあなたの声は美しいです。でも、寂しいわたしに一度も声をかけてくれた覚えがありません。残念ながら、あなたと家族をつくることはできません」

その後もジュムルは次々にやって来る求婚の申し出を突き返した。森の王様である虎や美しい顔かたちをして優雅な暮らしに明け暮れる雉《きじ》の求婚まできっぱりと断った。虎は残酷で弱いものをいじめる、美しい衣装で遊び放題の雉は苦労を嫌い、楽ばかりしているから幸せになるはずがない、と。

一部始終を見ていたバウオは、ジュムルの誠実な人柄に心を打たれ、涙ながらに言った。

「あなたが誰かと結婚しなければ、人間に子孫ができない。あれほど多くの求婚者がいるのだから、せめて一人ぐらい有能なものを選んで家族になるべきだ」

ジュムルはその言葉に感動して、思わずバウオを抱き込んで言った。

「家族をつくりたいのはあなただけです」

「だめだ！　ぼくには生きる能力が何一つない。あなたにきれいな服も暖かい家も与えられない。一緒になっても苦労させるだけだ」

バウオが理を詰めて拒むと、ジュムルは真心を込めて説得した。

「その気持ちさえあれば十分です。二人の心を一つにすれば、何も怖いことはありません」

こうして二人は家族となり、アブリュゴ山の麓にある洞窟に住みついた。

けれども、やはり妻のために食べ物を手に入れることが一番の困難となった。バウオはいろいろと悩んだ末に、雷神にお願いすることにした。

「森羅万象をおつくりになった神よ、万能の神よ、お願い申し上げます。これ以上妻を飢えさせてはいけません。どうかこの体を引き裂いて食べ物をつくってやってください」

しかし、雷神はバウオの体を引き裂くに忍びず躊躇《ちゅうちょ》した。が、バウオの再三再四の懇願に抗《あらが》うことができず、大きな斧を振り上げてバウオの体に切りつけた。一度目にバウオの体から石の破片が飛び散り、二度目に石の粉塵《ふんじん》が飛び散った。三度目を打ち下ろそうとしたその間際、ジュムルが体を張って夫を守るように抱き込んだ。雷神はそれを機に斧を引き上げて姿を消した。石の破片は飛び散った先で鳥や獣を射止め、石の粉塵が舞い散った先で山菜や果実が生えた。それ以来、ジュムルは食べ物に困ることはなくなった。また、そこから石玉を投げて鳥や獣を捕る狩猟法が生まれ、雷神に切られたバウオの体は人間の形をした細長い石の筍のようになった。

しばらくしてジュムルは身籠《みごも》り、男女それぞれ十人の子どもを産んだ。その子どもたちは兄妹ごとに結婚して、次の世代をつくった。こうしてこの地で代々にわたって、人間の種が受け伝えられてきたという。

後に、プミ族の人々はバウオを石祖、ジュムルを③アイムと呼んで人類の始祖とし、新年や旧暦五月二十五日にアブリュゴ山へ登り、石祖とアイムを祀ることが何よりも重要な習わしとなり、今日の「④転山祭り」につながった。さらに、石祖は子宝の神様と崇められ、アブリュゴ山の石祖洞で行われる「⑤ネイコグ」の儀式が生まれ、子宝に恵まれない女性に大きなご利益があるとされている。

③プミ族の言葉で、「イ」は祖母、「ム」は女性を表す。「アイム」は人類の女性の始祖という意味。

④旧暦七月十五日に行う山神を祀る行事。地方によっては十月に行うこともある。

⑤不妊の女性は夫が付き添いの上、巫覡の引導を受けて石祖洞で子乞いをする。まずバウオ石の横で三つの石を立てて、火を焚いて拝む。それから、洞窟に入り水で体を清め、細い竹筒で石祖の石壁にできた泉の水を飲む。この手順を再三繰り返す。

①ジダイナンム

①プミ族の言葉で「洪水氾濫」の意味。

遠い昔、三人の兄弟がいて、それぞれに森の中で畑を耕していた。

一日目に長男が鋤《すき》で土を掘り返していると、一羽の鴉《からす》が木の枝にとまって話しかけた。

「カァー、カァー、その昼飯をくれたら、一つ大事なことを教えてやるよ」

「この鴉め、おれの昼飯を騙し取る魂胆か、失せろ！」

長男は怒鳴りつけ、手当たり次第に石を拾って投げつけ、鴉を追い払った。

二日目、次男が畑仕事していると、鴉が飛んできて昼飯をねだったが、冷たくあしらわれた。

三日目、三男にも同じようなことが起きたが、彼は自分の昼飯を鴉にやった。

すると、鴉が「今日の午後、洪水が起こるから、逃げろ！」と告げて飛び去った。

三男はその話に仰天し、矢も楯もたまらなくなって家へ向かったが、一匹の蛙に行方を遮られた。そこで、彼は丁寧に蛙に尋ねた。

「②アグバディンよ、もうすぐ洪水が起こるそうです。今、兄たちに伝えようと帰りを急いでいるのですが、洪水から助かる方法を教えてくれませんか」

②プミ族の言葉で「蛙おじさん」の意味。

「いいか、お兄さんたちにそれぞれ太くて長い麻縄を用意するように伝えるのだ。お前は麻縄のほかに犬と猫を一匹ずつ、雄鶏を一羽、杵《きね》を一本用意しなさい。昼ごろお前の家に行き、お前たちをお月様のところへ連れていく」

蛙は穏やかな口調でそう言うと、道の端に飛び移り姿を消した。

三男はこの話を二人の兄に詳しく伝えた。約束の時間になると、蛙は三男の家の前に現れ、用意したものを持った三兄弟を雲に乗せて月の上へ連れていった。そして、バダシンダイボンという幹が太く、背の高い神樹の下に来ると、蛙は麻縄で長男を木の根元に、次男を木の腰あたりに、三男を梢にそれぞれくくりつけた。

最後に、蛙は三男だけに次のように言い付けた。

「洪水がお前の足首あたりに来たら、犬を投げ捨てなさい。そうすれば、水は木の腰あたりに引き下がる。それから猫を投げ捨てれば、水は木の根元まで下がる。そこからさらに雄鶏を投げ捨てれば、水は月の下まで引き下がるだろう。その時、地上の洪水がおさまったかどうか、杵を投げ落として確かめればよい」

蛙は三兄弟を残して姿を消した。

太陽が西に傾いた頃、突然ごろごろと凄まじい音が聞こえてきた。天が崩れ、地が引き裂かれるような不気味な音だった。地上を覆い尽くした洪水が勢いよく、大音響を上げながら沸き上がってきた！　暴れ放題となった水はあっという間に神樹の下一面をのみ込んでしまった。長男と次男は見るみるうちに洪水という魔物の餌食《えじき》となり、三男は蛙の言葉どおり、まず犬を投げ、次に猫を投げ、三度目に雄鶏を投げ、すんでのところで命からがらに助かった。そして最後に杵を投げ落とすと、からからとした音が跳ね返ってきたので、洪水が完全におさまったことが分かった。しかし、この神樹の梢に縛りつけられていたのでは、なす術なし。もうこれまでか！

三男は一縷《いちる》の望みにすがって待つこと九九《くく》、八十一日、何気なく頭の上を見やると、そこに鷹の巣を見つけた。嬉しさのあまり底力が湧いたのか、それとも体が痩せて縄が緩んだのか、巻きついた縄がほどけた。ゆっくり鷹の巣までよじ登ってみると、二羽の子鷹が鹿の肉塊をついばんでいた。極度に飢えた彼は肉塊をわしづかみにして奪い取り、瞬く間に平らげてしまった。それから巣の中に身を隠し、食べ物にありつくことにした。

そうこうすること数日の後、親鷹が日ごとに痩せていく子鷹の様子を怪訝《けげん》に思い、子鷹を問い詰めた。子鷹は男に餌を奪われていることを親鷹に伝えた。ところが、親鷹は大喜びした。洪水から一人の人間が助かった。人間の種が残ったのだ！

親鷹は鷹の巣に隠れていた三男に優しく言葉をかけ、背中に乗せて人影一つない地上に送って、次のように告げた。

「今この地上に二つの家族しか残っていない。一つは山の上で暮らす山の神と三人の娘で、もう一つは谷に住む魔王と妻だ。いいか、山神の家を訪ねて行き、谷のほうには絶対に行ってはならない」

三男は鷹に言われたとおりに高い山の頂上へ向かって行った。しばらく急な坂道を上り続けると、ひもじさがこみ上げてきて足が重くなった。「とりあえず、この空腹を何とかしよう」と谷のほうへ少し下ることにして、夢中で食べ物を探しているうちに、一つの大きな洞窟にたどり着いた。

洞窟の奥では、二人の男女が囲炉裏のそばに坐っていた。目がとてつもなく長い瞼《まぶた》に覆われていたため、二人は手探りをするようにおにぎりを手渡し合って食べていた。三男は大量に湧き出てくる唾《つば》をゴクリとのみ込み、二匹の怪物に忍び寄って、渡し出されたおにぎりを横取りして食べた。

「取ってばかりいないで、お前のほうからも出してくれよ」

男が責めるように言うと

「おかしいよ、何個も出してあげたのに。ちょっと待って、人間のにおいがするようだ」

女はそう言いながら、棒で長いまぶたを持ち上げて目を出し、おにぎりにかぶりついていた三男を見るなり、わしづかみにしてのみ込んだ。その時、蛙が現れて女に言った。

「大王様がのみ込んだ男はわたしの甥《おい》です。こうなったからには、大王様のために臼挽きの仕事を続けるわけにはいきません」

実は、この二人こそは怪物の魔王夫婦だった。蛙は臼挽きとして雇われた龍の子だったのだ。女魔王は蛙の言葉に腹を立て、大声で怒鳴り出した。

「やめたけりゃ、勝手にしろ。臼挽きぐらいごまんといるよ。今すぐ出ていけ！」

蛙が出ていった後、鵲《かささぎ》や蟒蛇《うわばみ》が雇われたが、鵲は石臼の上を飛び回ってばかりいて、臼を動かすどころか、麦粒を盗み食いしてしまった。蟒蛇はというと、臼の上で巻きつくことしかできず、仕事にならなかった。やむなく女魔王は龍宮を訪れ、蛙に頼むほかなかった。それをよいことに、蛙は三男を女魔王の腹から救い出すことができた。

しかし、三男は手も足もぼろぼろに噛み砕かれ、指は長短不揃いとなり、大きな耳も消えてなくなっていた。蛙は女魔王にばらばらになった肉の破片を吐き出させ、何とか耳の形に継ぎ合せたが、前より数倍小さく、しかも凸凹《でこぼこ》の奇妙な形になった。

命拾いした三男は、ついに山の神の家を見つけた。輝くばかりの立派な屋敷に美しい娘が三人暮らしていた。三男は一番下の娘に一目惚れした。

山の神は三男の腕を試してみようと、玄関の扉に三本の針を並べて差し込み、針の目を弓矢で射止めさせることにした。三男は見事に一本の矢で三つの針の目を貫いてみせた。これほどの腕前なら、魔王との闘いに勝てる！　山の神は翌日の闘いで三男の力を借りることに決めた。

「魔王の胸に黒いほくろのようなものがある。それが魔王の急所なんだ。明日二本の大木が絡み合っているのを見たら、黒い点を狙《ねら》って矢を射ればよい。それはわしと魔王の変身なのだ。矢がうまく当たったら、こちらの勝ちだ」

三男が言われたとおりにすると、魔王は射止められ正体を現して死んだ。

山の神は大いに喜んで、「どんな願いでもかなってやろう」と請け合った。

「求めるものは一つだけ、三番目のお嬢さんを嫁にください」

山の神は二つ返事で承諾し、翌朝に屋敷の彼方にある山で待つように命じた。

翌日、夜明け早々、三男は弓矢を手に約束の場所に現れた。待つことしばし、突然一陣の強風が吹き去ると、一匹の虎が飛びかかってきた。三男は軽やかにそれをやり過ごした。続いて、一匹の豹が疾風のごとく襲いかかってきたが、それも捕らえずに通した。と同時に、一匹の蟒蛇《うわばみ》が現れた。それをやり過ごそうとした一瞬、何か閃《ひらめ》きでも得たかのように、彼は弓でその尻尾に触れた。すると蟒蛇は一つ溜息をつき、三女の姿に変わった。

「一粒のはだか麦で焼き饅頭を上の姉は九個、下の姉は七個もつくれます。それに引き換え、わたしは三個しかつくれません。なのになぜわたし選んだのですか」

「三個で十分だ。二人で二個、残りの一個は生まれる子どもの分だ」

この話に納得したのか、三女は三男の求婚を受け入れ、山の神の父親に別れを告げて、地上に根を下ろすことにした。

二人は十分過ぎるほどの田畑を切り開いたが、家畜も種もなかったので、妻は天上の実家からもらってくると言った。家を出る間際、妻は土をこねて臼挽きや料理や家事ができる娘をつくり、最後に、

「この娘に手を出してはいけない」

と夫に念を押した。

しかし、妻が天上に行っている三日、地上では三十年の月日が経ってしまった。待ちくたびれた三男は、ついに土娘と結婚してたくさんの子を産んだ。

妻が家畜や種を携えて白い雲に乗り、家の上空まで戻ってきた時、家の変わり様を目の

当たりにすると、悲しさのあまりそのまま天上へ引き返そうとした。

それに気づいた三男は、すかさず矢を放った。馬、牛、豚、羊、驢馬《ろば》、鶏、犬、そして五穀の種と蕪菁《かぶ》の種に矢が当たり、ばらばらと地上に落ちてきた。種が土に触れると、たちまち大きな蕪菁《かぶ》に成長した。怒りを抑えきれない妻は地上に舞い下りて、③甘蕎麦《そば》の茎を折ろうとしたところ手を切ってしまい、その茎は流れ出る血で真っ赤に染まった。

「甘い蕎麦は苦くなり、蕪菁は茹でれば水に化け、ご飯にならない」

妻は憎しみを込めた呪文を唱えると天上に帰って行った。そのため、甘蕎麦は苦味を帯び、蕪菁は水っぽくなったという。

さらに、三男の矢に射止められたため、馬と驢馬の蹄《ひづめ》は窪み、豚、牛、羊の蹄は二つに割れ、麦粒に一つの溝ができた。龍の子である蛙はプミ族の先祖を助けたとされ、龍神として祀られるようになり、山の神は娘をプミ族の先祖に嫁がせたことで祭祀の対象となったという。

③日本の蕎麦と同じ。中国式の呼び名。

トンゲサ武勇伝

遠い昔、妖怪が蔓延《はびこ》り、善良な人々が食い殺されていた。ついに業を煮やした人々は英雄リゲサのもとに集まり、妖怪たちと闘うべく立ち上がった。

リゲサは文武両道に優れ、さまざまな妖怪を退治したので、妖怪たちが肝を潰すほど恐ろしい存在だった。だが、不幸なことに、ある日、リゲサは野獣の妖怪ブランとの闘いに敗れ、はかなくも殺されてしまった。悲しみのどん底に突き落とされた人々は生きる気力を失ってしまった。天神様は彼らを哀れみ、リゲサの妻マヌゾトマに子宝を授け、並外れた知恵と勇気を備えた男子を誕生させ、悲しむ人々に希望を与えた。

赤ん坊は鞠のように丸い血の固まりとなって、真っ暗な人間の世界に生まれ落ちた。その血鞠がごろごろと三回転すると、一筋の割れ目ができ、さらに三回跳ね返ると、その中から頭と口がひときわ大きな蛙《かえる》が飛び出した。これでは母親に可愛がってもらえるわけもなく、①戸口に置かれた水槽の傍《かたわ》らに置き去りにされた。その蛙はきょろきょろと目を見開き、三日目にして言葉を話すようになったが、親族をはじめ誰一人として喜ぶ者はなかった。だが、良くも悪くも、あのリゲサの子である以上、喜んで迎えなければならなかった。

①現在でもプミ族は玄関前に水槽を置く風習がある。

この子は、父親にあやかってトンゲサと名づけられた。

リゲサに息子がいることを知ったブランや妖怪たちは怖れおののき、生かしておくものか、とトンゲサの行方を死に物狂いで探し回った。この窮地を凌ぐために、トンゲサは父親の形見の数珠を首にかけられ、叔母のアニに託されたが、間もなく、母のマヌゾトマは魔王のメイラルチに拉致されてしまった。

叔母は、トンゲサを連れて必死に逃げ回り、幾多の困難を乗り越え、ついに辺鄙《へんぴ》な村に身を隠す場所を見つけた。万全を期して、彼女は九尺ほどの洞窟を掘り、そこに甥を寝かせた大きな揺かごを隠し、穴口には機織機《はたおりき》を据えて、一歩たりとも動こうとしなかった。

②月日に関守《せきもり》なく、幾星霜が過ぎ、トンゲサは洞窟の中で健やかに育った。時折外に出してもらっては、白い雲や太陽、山谷の彼方にとどろく雷、月、星、天の果てを走る稲妻などを見て自然の営みを学んだ。月日が経つにつれて、自分が誰なのか、親はどこにいるのか、なぜ洞穴に身を隠して暮らさねばならないのか、いろいろと疑問を持つようになった。だが、ただ一人話を聞くことができる叔母は、その度にお茶を濁すばかりだった。

トンゲサはやむなく、食事を届けにきた叔母の手首をつかみ問い詰めた。そして、初めて父が戦死したことや母が拉致されたことを知り、若い心に復讐の炎が燃え上がった。

叔母のアニは、

「妖怪ブランは、九十九の山と谷を越えた所に身を潜めている。ひと跨《また》ぎで九つの尾根と谷を越えることができる怪物だ。弓の腕を磨き、神馬のダジンリを手に入れれば、そい

② 「関守」は関所の役人のことで、通行する人を足止めにして検査した。そこから、「時の移ろいは誰にも止められない」の意味。

つを負かすことができるかもしれないけど……」

と不安気に呟いた。

「叔母さん、おれはどうすればいいの、教えておくれ」

「お父さんの弓が敷居の下に隠してあるから、それを見つけなさい。そして、弓の引き方から始めて、矢を射る練習に励みなさい。どんなに小さなものでも射止められるまでに精進《しょうじん》すれば、きっと弓術《きゅうじゅつ》の奥義を体得することができる。神馬の金の鞍が庭の石の下に、呼び鈴が垣根の下に埋まっている。準備万端を整えて、最後にその鈴で神馬を呼び寄せるのです」

そこで、地獄のような猛練習が始まった。

トンゲサは自分の体が弓と一つになるまで弓を引く練習をした。そして、腕輪、ニワトリの卵、ウズラの卵、数珠《じゅず》と的を小さくして矢を射る練習に励み、ついに縫針《ぬいばり》の目さえも一発で射止められるまで腕を磨き上げた。

いよいよ神馬の出番だ。トンゲサが呼び鈴を空にとどろくばかりに振り鳴らし、

「ダジンリ、ダジンリ……」

と声を限りに叫ぶと、主人のお呼びを待ちわびていた神馬がたちまち幾重もの雲をかき分けて駆けつけてきた。しかし、長い間十分に餌をとっていなかったのか、哀れなほどに痩せ細っていた。

「丈夫な体を取り戻すには七石七斗の餌《えさ》を与えなさい。妖怪ブランに追いつく力をつけ

るには、さらに九石九斗が必要よ」

叔母の言葉に従い、三石三斗の餌を与えると、トンゲサがその背中に乗って騎射の練習ができるほどになった。五石五斗の餌を食べさせると、筋肉がつき、足にも力がよみがえった。さらに七石七斗に増やすと、一躍《いちやく》すれば九丈に及び、走ること放たれた矢の飛ぶがごとくになった。

「叔母さん、ようやく妖怪ブランを倒し、父さんの仇《あだ》を打つ時が来た」

トンゲサははやる気持ちを抑え切れずに言った。

「まだだめよ。ダジンリにもっと餌を与えて力をつけ、弓の腕前も鍛えなければ」

復讐の一心から分別を失ったトンゲサは、叔母の忠告を素直に聞く耳を持つはずもなく、弓矢を手にしてダジンリに飛び乗り、疾風のごとく飛び去った。

しかし、坂道を上っては下り、幾多の山や谷を越えていくら追いかけても、ブランの逃げ足に追いつくことができなかった。非力さを思い知らされたトンゲサは、神馬の体力づくりをすべく村へ戻った。

そして、九石九斗の餌をやり終わると、ダジンリの毛色は艶《つや》やかに輝き、足は天柱のように太く、電光石火のごとく跳び上がり、いななきは山谷にとどろくほどに変貌した。

「よし、いざ出陣よ！」

叔母は大いに喜んで言った。そしてさらに、

「トンゲサよ、お父さんが妖怪ブランに負けたのは弱かったからではなくて、油断して戦馬の尻に石灰の袋をかけ忘れたからよ」

と忠告した。

そこで、トンゲサは厳重に武装した上、ダジンリの尻に石灰袋をかけて再び出陣した。

さすが神馬だけのことはある。主人を乗せたダジンリは、雲の中で一躍しては九つの山を越え、霧の中で一跳びしては九つの谷を越え、あっという間に妖怪の隠れ家に着いた。

欠伸《あくび》をしながら寝床からはい出た妖怪ブランは、山の麓で日向《ひなた》ぼっこをしていた。

「よし今だ！」

トンゲサは弓に矢をつがえ、きりりと弓弦《ゆづる》を引き絞り、息を止めて標的に向かって矢を放った。轟音《ごうおん》とともに目にも止まらぬ速さで、矢はブランの心臓めがけて一直線に飛んでいった。

一瞬、妖怪ブランは強烈な痛みを覚えて思わず飛び上がった。が、何が起きたのか理解できず大声で喚《わめ》きたてた。すると、岩や木々がぶるぶると揺れ、雲がずたずたに千切れた。ブランは必死に痛みを堪えながら、脱兎のごとく逃げるダジンリを追いかけたが、蹄《ひづめ》を勇ませて疾走する神馬に追いつくことはできず、その尻尾をつかもうとした瞬間、その尻にかけられていた石灰袋を破ってしまった。石灰が胸の傷口に入り、たちまち血が飛び散った。ブランは力を失い、雷のような音をたてて崩れ落ち、空の半分をさえぎるほどの巨体は九つの山を押し潰し、九つの谷を埋めた。

妖怪ブランを討ち取ったトンゲサは、叔母が待つ山里に戻った。そして、人心地《ひとごこち》ついたかと思うと、魔王メイラルチを退治する準備に取り掛かった。

母のマヌゾトマを拉致したメイラルチははるか遠くに住み、指一本で一人の人間をつかみ、牙一つに一人の人間をひっ掛け、髭《ひげ》一本で一人の人間を縛ることができた。しかも、それら三つのものをそれぞれ九本ずつ持っていた。

「この魔物をどうやっつけたものか」

トンゲサは叔母の心配をよそに、魔王メイラルチを退治する厳しい旅に出た。

ある日、トンゲサは、ある魔王が息子に嫁をとるため仏様のお告げをうかがいに行くと聞いて、それをからかってやろうと、小さな蜂に変身して菩薩の口の中に身を隠して待ち伏せた。

魔王は、廟《びょう》に入ると線香を立て、菩薩に合掌して尋ねた。

「仏様、わが子に嫁をとりたいのですが、どちらへご縁を求めればよいでしょうか」

「天上には最高の女神の末娘で天女《てんにょ》のイヒビラム、海には龍王の末娘で龍女《りゅうにょ》のシャンイソラム、山には山神の娘で山女《さんにょ》のサンリビラム、という三人の仙女《せんにょ》がいる」

魔王は早速、天上、海、山へ、それぞれ求婚の使者を送り婚約を取り付けた。

そして、婚礼をあげるにあたり、再び仏様のお告げを求めることにした。トンゲサはまた小蜂に化け、機転を利かせて答えた。

「貴賓として③パダ、マヌ、蛙を招き、それぞれ男性客、女性客、子ども客の上座に坐らせるのだ。そうすれば、めでたく祝儀ができる」

「貧乏な三人を貴賓になんてとんでもない！」

③プミ族で最も貧しいとされる男女。

魔王は、分相応と思う客だけを招くことにした。

ところが、式の当日、高貴な顔ぶれは揃ったものの、食卓や腰掛が壊れていたり、料理がまずかったり、肝心要の三人の嫁が来なかったりで披露宴は台なし。途方に暮れた魔王は、人間神のソンマに助けを求めることにしたが、どこに住んでいるのか分からなかった。そこへ、あの小蜂があつらえたように現れて、「東に太陽が昇る岩の洞窟がある。そこに行けばよい」と教えた。

魔王が日の出の洞窟にたどり着いた時、小蜂はすでにソンマに変身して待ち構えていた。魔王がお辞儀をして、披露宴が不首尾に終わった原因を聞くと、ソンマは数珠を手繰《たぐ》りながらゆっくりと答えた。

「ほかでもない、パダ、マヌ、蛙の三人を招待しなかったからだ。この三人を招き、最上の翡翠《エメラルド》石と紅玉《ルビー》石をそれぞれバター茶の壺と酒壺に入れて④お通りの儀式をせよ。宝石は必ず誰かの茶碗に落ちてくる。その人こそ仙女の夫となるべき者だ。さすれば祝儀はめでたく行われるはずだ」

そこで魔王はパダ、マヌ、蛙の三人を披露宴に招いたが、貴賓として上座に坐らせず、下座に座らせた。そして、魔王は皆が見守る中、宝石を壺に入れ、

「さて、宝石は誰の茶碗に落ちるだろう。さあさあ、茶碗を差し出してください」

と声高く言いながら、片手に茶壺を提げ片手に酒壺を持ち、自らふる舞い始めた。

「壺が自分の手にあれば、宝石は息子のものだ！」

こうして息子の番が巡ってくると、茶壺を床にこぼれるほど傾けても翡翠は落ちてこな

④客一人ひとりにお酒を注いで回り、客は注がれた酒をのみ干さなければならない儀式。

いし、酒壷を逆さまにしても紅玉は現れなかった。ところがおかしなことに、蛙の番になると宝石がぽとりと茶碗に落ちた。こうして、蛙に化けていたトンゲサは三人の仙女を妻に娶《めと》ることができ、美しい妻たちを連れて故郷へ帰った。だが、残念なことに叔母さんは肉粉を食べ過ぎて亡くなり、トンゲサの幸せな姿を見ることはできなかった。

煮え湯をのまされた魔王メイラルチは腸《はらわた》が煮えくり返り、蛙を殺して息子の嫁を奪い返すように妖怪ホゲゲに命じた。ホゲゲは仙女を横取りする魂胆で、すぐに二つ返事で引き受けた。巨大な金色の翼を羽ばたかせて天高く舞い上がり、太陽の首を締めて気絶させた。すると、たちまち光が消え失せ、真っ暗な闇が地上を支配した。

ホゲゲはそれをいいことに、一方の手で地上から人間をつまんではのみ込んだ。人間たちは突然の災難に狼狽《うろた》え、ホゲゲに対抗しようと大慌て。三人の仙女も不細工でひ弱な蛙男をあてにせず、弓矢を携えて戦場へ赴いた。

妻たちが家を出るやいなや、トンゲサは蛙の皮を脱ぎ、黒い鎧《よろい》で身を固め、黒い戦馬に跨り、疾風のごとく暗闇の中へ切り込んだ。トンゲサの凄まじい攻撃でホゲゲはひとたまりもなく敗れ、太陽の首をつかんだ手を放して逃げた。それで、大地に光が戻った。

翌日、妖怪ホゲゲは太陽を血色に染めた。トンゲサはまた蛙の皮を脱ぎ、赤い鎧に赤い戦馬で立ち向かった。真っ赤に染められた世界の中、鋭い爪を立てて襲いかかってくるホゲゲめがけて冷静に矢を放った。ホゲゲは金色の翼を斜めにはばたかせ、それを首尾よく遣り過ごした、その瞬間、トンゲサは太刀を一振りしてその翼の一部を切り落とした。そして、その金色の羽毛で可愛い裁縫袋をつくって、家へ帰る途中、三人の妻とばったり鉢合わせした。トンゲサは、赤鎧の戦士に見惚れた三人をからかうように言った。

「花のように美しく、虹のように輝く君たちよ、松の木のように丈夫な体を持ち、柏の木のように苦み走った旦那さんをお持ちなのでしょう」

「いえいえ、あなたとは比べものにならない不細工な蛙ですよ」

「ダメな旦那は嫁に苦労をかけるだろう。まあまあ、この裁縫袋を君たちにあげよう。家事や夫の世話、野良仕事にせいぜい励みなさい」

三人の妻たちが家に帰ってみると、あの能なしの蛙夫が相変わらずかまどの端にくすぶっていた。それを見て、「よその家の男はあんなに二枚目で有能なのに、どうしてうちのはこんなにダメなんだろう」と口を合せて愚痴《ぐち》をこぼした。

数日後、傷が癒えたホゲゲが大きな翼で強風を巻き起こし、人間界に濛々《もうもう》と黄砂《こうさ》が舞った。トンゲサは蛙の皮を脱ぎ、黄色の鎧に黄色の戦馬で妻たちの後を追った。

黄鎧の戦士を目の前にして勝ち目のない妖怪の様子を見て、胸を撫で下ろした妻の一人が早目に家に帰った。すると、籠にかけてある蛙の皮を見つけ、戦馬が我が家を出て行くのを見たような気がして、あの英雄が蛙夫であることを悟った。

「もう二度と蛙に戻したくない！」

彼女は蛙の皮をかまどに投げ込んで焼いてしまった。

変身ができなくなったトンゲサは地団駄を踏んで嘆いた。

「三年早まって衣を焼かれてしまった。これでは世の中の妖怪を一掃するのは無理だ」

妖怪ホゲゲを敗った立派な男がほかでもない蛙夫だった。驚き喜んだ仙女たちはそれどころではなかった。

「あなたは誰、何のためにここに来たの」

といっせいに問い詰めた。

黄鎧の男は甲高い声で答えた。

「ぼくは天神様から遣わされた者、名はトンゲサ。ここに来た目的は妖怪を退治すること、人間に規則をつくること、自然を征服すること、貧富の差をなくすこと、美醜や真偽をわきまえさせることです。焼かれて灰になったぼくの衣は取り返しがつかない。せめてその灰を山や谷、海、川、草花、牛、石など森羅万物の上に撒いてほしい。その時、次の呪文を唱えてください。

凶暴な者は、これ以上凶暴にならないように、
失う者や得る者は、これ以上そうならないように、
勝つ者や負ける者は、これ以上そうならないように、
善き者や悪しき者は、これ以上そうならないように、
美しいものや醜いものは、これ以上そうならないように、
本物や贋物はそれぞれ本物、贋物でなければならない。
すべてが理にかなって平等でなければならない」

妻たちは言われたとおりに灰を撒いたが、

「凶暴な者はもっと凶暴になるよう、失う者はもっと失うように……」

と全く反対の言葉を念じてしまったため、世の中に美醜、真贋、勝負、善悪の差が大きくなり、苦しみの源となった。

そこで、トンゲサはこの過ちを正すべく、妻たちと別れ再び旅立った。

トンゲサが再び旅に出たことは、たちまちのうちに妖怪カラスの知るところとなり、ホゲゲに通報された。

「またとないチャンスだ！」

ホゲゲは跳び上がって喜び、秀麗な武将の姿に変身して、トンゲサの家へまっしぐらに向かった。すでに対策が練られていたことも知らずに……。

ホゲゲがトンゲサの家の前に着く時刻を見計らって、天女はトンゲサのシャツを熱湯に浸して軒下に吊るした。龍女は古い鞍を玄関の手擦りにぶら下げた。そして、ホゲゲが息を切らして入口に現れると、武具を手にした山女が奥へ向かって、「来た、来た！」と叫んだ。トンゲサに通報していると思い込んだホゲゲは「撤退しろ！」と言うなり、一目散に隠れ家へ逃げ帰り、しばらく怖れ震えていた。

数日が経ち、カラスが情報を確かめて報告にきた。

「トンゲサは遠くへ旅立った。家にはいない」

ホゲゲの胸に仙女たちを奪い取る欲望の炎がまたもやめらめらと燃え上がってきた。ホゲゲは手勢を従えて、トンゲサの家に殺到した。

二人の仙女は薪拾いに出かけ、留守番をしていた龍女はとっさにトンゲサの服を羽織り帽子を被って、火吹竹でかまどに火を焚きつけるふりをした。それで、この時は無事に急場を凌ぐことができた。

それからだいぶ経ち、ホゲゲは妖怪カラスにまたも煽《あお》られて、三度目の行動に出た。軍師や策士のほか、手勢の大群を率いてトンゲサの家へ忍び寄ってきた。

ちょうどその時、天女のイシビラムが屋根の上で食料を干していた。イシビラムもまたトンゲサの扮装をして敵を追い払おうとした。美しい羽根がついた兜を被ったトンゲサが高い屋根の上に構えている姿を見るや否や、ホゲゲは肝を潰し、

「撤退しろ、撤退しろ！」

と叫んだ。

策士のアクディブがしばらく観察して、主人に耳打ちした。

「あの兜めがけて、一つ矢を放って確かめましょう」

ホゲゲは頷きながら妖怪の矢を放った。すると、兜が射ち落とされた拍子に、女の長い黒髪が風になびくように垂れ落ちた。やにわにホゲゲは気焔を吐きながら、家来どもを連れて⑤木楞房《もくりょうぼう》の中へ雪崩こんだ。

危機一髪、天女と龍女は「トンゲサ」と三回、「戻れ」と一回唱えると、それぞれ天上と海へ飛んで行った。地中に潜り込むことのできない山女は、菩薩の像に変身して経堂に

⑤荒く削った丸太を積み重ねた小屋。

坐った。

ホゲゲは家中を虱潰《しらみつぶ》しに探したが、誰一人見つけることができず、最後に経堂にたどり着いた。経堂には五体の菩薩が祀られてあった。策士アクディブは菩薩の顔をめがけて黒豆を投げてみた。すると、その中の一体が顔を打たれて思わず瞬きをしてしまった。ホゲゲは大喜びして、サンリビラムを奪って帰った。

妻を残してひたすら東へ向かったトンゲサは、日の出る高い山の麓で、不意に赤目の妖怪に遭遇した。激しい合戦が始まったが、間もなくして赤目は観念して白旗をあげた。そして、おどおどしながらトンゲサを殿堂に迎え、玉座に坐らせて自ら酒を捧げた。トンゲサは眠り薬を盛られたことも知らずに、一気に盃を空けた。

トンゲサが深い眠りに落ちると、

「撤退しろ！」

赤目の一声で、あたりは一瞬にして森や池に変わった。池の畔に寝かされたトンゲサはなんと三年は目覚めることがないとされた。

ちょうどその頃、天上に逃れた天女のイシビラムは夫の行方を探して、北から南へ、西から東へとたずね回るうちに、この森に迷い込み、池の端で眠り続ける夫を見つけた。そこで、イシビラムは美しい鳥に変身して、はるか天上から神聖な水を一口ずつ汲んできては夫の口に流し込み、呪いを解いた。長い眠りから目覚めたトンゲサは、妖怪の罠にかかったことに歯ぎしりをしたが、疲れがどっと込み上げてきて体を草地に投げ出した。そして、空に向かって戦馬ダジンリの名を呼ぶと、すぐにダジンリが舞い降りてきた。

「おれの用心棒よ、お前も痩せたなあ。水が飲みたい」とつぶやくように言うと、ダジンリは主人を池の端に運び、そこにある石板を足でめくり上げた。すると、そこに荒れ果てた我が家の凄まじい光景が広がっていた。家の中はほこりにまみれ、穴だらけの壁は今にも崩れそうだった。庭いっぱいに蔓延《はびこ》った雑草が木枯しの中でざわざわと揺れている。さすがにトンゲサも我が家の荒廃ぶりに落胆し、ダジンリと故郷に帰ることにした。

住まいも、家族も、勇気も失ったトンゲサは、しばらく洞窟に閉じこもる以外、どうすることもできなかった。

隣の洞窟には、怠け者のカドマが住んでいた。世界一の怠け者と言われるこの女は、小さな子どもたちと木の皮や蚤《のみ》を糧に生きていた。相手にする者はいないばかりか、皆から蔑《うと》まれていた。

ある日、隣から親子喧嘩の声が聞こえてきた。

「母親や妻を奪われて、ぐうの音も出ないやつに比べりゃ、蚤を食べたからって恥ずかしくもなんともないさ！」

トンゲサは毒矢で心をえぐられるような痛みを覚え、自分の不甲斐なさを恥《はじ》た。

「妖怪らを殺して、この恥をそそがなければ人間失格だ！」

トンゲサは自らを奮い立たせ、再びホゲゲを討つべく復讐の炎を燃やした。

ホゲゲはずる賢く、あれ以来、四六時中門を堅く閉ざして誰も入れなかった。トンゲサが攻めあぐねていたその時、またとないチャンスが訪れた。ホゲゲの父親が亡くなったのだ。トンゲサは法要を利用して、鞍を猿に、ダジンリを犬に変身させ、自らは乞食《こじき》の格好をして、妖怪の屋敷に忍び込む策を思いついた。

三人組は首尾よく屋敷に侵入した。哀れみと軽蔑の眼差しが向けられる中、屋敷をくまなく偵察した後、トンゲサが猿の背中に、猿が犬の背中に重なるように坐ると、一瞬にして戦馬に跨がった戦士が現れた。トンゲサは妖怪屋敷を縦横無尽に走り回り、位牌から祭壇、食卓まで手当たり次第に切りまくり、法要の場を戦場に変えた。⑥ラマやシャーマンはじめ、すべての者が我先に逃げ出した。

一室に逃げ込んだホゲゲは、つっかい棒を戸にあてがって、「矢を射ろ、矢を射ろ」と叫んだ。矢が雨あられと飛び交う中、トンゲサが手綱を緩めると、ダジンリは疾風のごとく表玄関を飛び出し、仇討ちは失敗に終わったかにみえた。ところが、トンゲサは蝙蝠《こうもり》に変身して、再び妖怪屋敷に忍び込み、薪を取りに来た妻サンリビラムに会うことができた。

「助けに来たから、一緒に帰ろう」

と言うと、彼女は目を伏せたまま、長いため息をついて言った。

「これ以上争いはやめましょう。今のままでいいじゃありませんか」

「羊は青草に伴うもの、風は雲に伴うものだ。君は自分の青草や雲が恋しくないのか」

と諦めないトンゲサ。

「それなら、まずホゲゲを説得しなさい。彼は九つの門のある九階建ての一番奥の部屋

⑥「ラマ」はチベット仏教の僧侶。「シャーマン」は祈祷師。

に籠っている。案内するからついてきて」

そこで、二人は妖怪の住む部屋へ向かうことにした。

サンリビラムは一つの門を開けてトンゲサを通しては、こっそりそれを閉めた。六つ目の門を通ったところで、その様子を見ていた天女が警告を発してくれた。

「トンゲサよ、足元ばかり見ていないで、後の門にも気をつけなさい」

その言葉に「はっ」としたトンゲサは振り向いて、さっき通った門が閉ざされているのを見ると、怒りと悲しみが入り混じった感情が胸に込み上げてきて、思わず歯ぎしりした。

「こんなことをして、ただで済むと思うなよ。待っていろ！　お前の腸《はらわた》を火腿《ハム》にして、脳みそを乳酪《チーズ》にしてやる！」

うっ憤を一気に吐き出すと弓に矢をつがい、堅く閉ざされた門をめがけて矢を放った。六つの門はあっけなく破られ、トンゲサは暴れる野牛のように表玄関を飛び出した。


家来を大勢抱えたホゲゲを武力で倒すことは難しい。トンゲサは別の一計をめぐらせた。今度は隊商の頭《かしら》になりすまし、数百頭の馬を率いてホゲゲの草場に入り、荷物を下ろしてテントを張り、焚き火をして野営の準備を始めた。

その知らせを受けたホゲゲは直ちに、

「わしの草場で好き勝手は許さん！」

と家来に命令を伝えさせた。それに対してトンゲサは、

「ご主人に伝えなさい。馬が木の葉や草を食べたら塩と茶葉で弁償する。今晩は泊まら

せてほしい」

と言って家来を帰らせた。

これに激怒したホゲゲは、翌朝早々、家来や職人を従えて草場に押しかけてきたが、山積みになった茶葉の屑以外に、人影はおろか馬の糞一つ残っていなかった。

「臆病者め、やっぱり怖くて逃げたか」

とホゲゲはニンマリ笑った。

茶葉の山を前に、片目の鍛冶屋が、

「親方、それを馬の飼い葉にするから、わしにください」

と願い出るとホゲゲは快く許した。

皆が去った後、鍛冶屋が籠に茶葉を入れようとしたところ、一人の少年が茶葉の山から飛び出した。

「お前は誰だ、なんでここで寝ている」

「父も母もいない一人もので、一夜泊まらせてもらったんだ」

「なら、わしの子にならねぇか」

そこで、その子は鍛冶屋の養子になり、間もなくして手足の丈夫な若者に成長し、鍛冶屋の仕事を何でも手伝えるようになった。実は、この子はトンゲサの変身だった。力を惜しまず働いてくれる若者を鍛冶屋はすっかり見込んで、何でも教えた。

ある日、トンゲサは疲れた鍛冶屋に言った。

「親父も年だから、鍛冶屋の仕事はおれに任せて、安楽に過ごしておくれよ」

そして、トンゲサはこの鍛冶屋で再び復讐の準備に取りかかった。ますます鍛冶の腕を磨いて、さまざまなものをつくれるようになった。岩を貫くほど鋭い矢、石柱を断ち切る刀や剣、歌を唱う鉄の娘、踊る鉄の若者などなど。

ある日、腕の良い、若い鍛冶屋の噂を耳にしたホゲゲが、

「歌や踊りのできる鳥でもつくって、お正月を楽しませてくれ」

と言付けてきた。

トンゲサは、歌や踊りのできる鳥のほかに、十三段の階段椅子をつくった。それは、一段ずつ引き出すことができ、一段に押し詰めることができる伸縮自在の椅子だった。お正月になると、歌や踊りのできる鳥や娘、若者を全部出して、歓楽の渦でホゲゲの家来たちを魅了した。ずっと自分の部屋に籠っていたホゲゲも美しい歌声に引き寄せられて、九つの門をくぐり、黒くて長い廊下を抜けて出てきた。

トンゲサはすぐににこやかに言った。

「殿様のために、特別に十三段の階段椅子をつくりました。ぜひそれにお坐りになって出し物をご覧ください」

ホゲゲはその伸縮自在の椅子にいたく興味をかきたてられ、一段ずつ上ってみた。しかし、なぜかだんだん頭がふらつき、胸の動悸が激しくなり、気分が悪くなってきた。それは一度坐ったら最後、降りるのは難しく、しかも一段降りるごとに体も命も縮む仕掛けになっていた。ホゲゲには十段分の命しか与えられていなかったので、下から五段目まで降りたところで、もう一段分の命しか残っていなかった。

「このまま死なせるわけにはいかない！」

トンゲサは妖怪をそこから振り落とした。最後に、死の淵をさまよう妖怪を前に、自分の正体を告げ、短剣をホゲゲの体に突き刺した。


英雄トンゲサは、魔王メイラルチを退治して母親を助けるために旅立った。

まず、メイラルチが仕掛けたという山、森、海の三つの守りを突破しなければならない。

神馬に跨ったトンゲサは幾多の河を跳び越え、幾多の平野を横断し、幾重にも連なる山々の前に立った。仰ぎみると、高低さまざまな山々が血気盛んな男のように体をぶつけ合っていて、少しの隙も見せなかった。どうやって通ったものか。

そこで、トンゲサは話かけてみた。

「山のお兄さんたちよ、楽しそうに遊んでいるね。いつまでもそうしていて飽きないか。少し休もうよ」

わけの分からない言葉にびっくりしたのか、山々は一瞬動きを止めた。トンゲサはここぞとばかりに軽く拍車をあてると、ダジンリは蹄を鳴らして山々を軽々と飛び越えた。

第一の難関を乗り越えると、果てしなく広がる森が行く手に立ちはだかった。木々が列をなして並び、巨大な鞭のように打ち合ったり、地面を打ったりして道を封じていた。トンゲサは、木々が弓なりに幹を反らせた刹那、神馬に軽く「跳べ」と命じ、神馬もろとも梢《こずえ》に飛びつき、木が跳ね返る反動を利用して森の外に投げ飛ばされた。

その胸の動悸がまだ収まらないうちに、荒れ狂った海が目の前に現れた。トンゲサは激しく打ち合う波に声をかけた。

「乳のように白い波よ、楽しそうに遊んでいるね。いつまでもそうしていて飽きないか。少し休もうよ」

しかし、まるでその声が届かなかったかのように、波は依然として荒れ狂っていた。水にはやはり心の声を届けなくてはだめだと悟ったトンゲサは、思い切り唱い始めた。

「アイハイイ……　アイハイイ……」

すると、怒涛はたちまち静まった。ここぞとばかりにトンゲサが両足に力を入れると、神馬とともに茫々《ぼうぼう》たる大海原を飛び越えた。

こうして三つの難関を乗り越え、昼夜の別なく、至るところの山谷や洞窟を探し回ったが、メイラルチの居場所を突き止めることはできなかった。

ある日、鞍に大きなタバコ袋を吊るした大馬に乗った武者に出会った。この男はメイラルチの家来に違いない！　そこで、トンゲサは宙返りで馬から降りて声をかけた。

「大武者のあなたなら、弓術の腕はすごいだろう。勝負しないか」

「やろう。あの鞍に針を刺してみな。針の穴を三つに割ってみせる。外したら、射ち殺されても文句はない」

武者は勝ち誇ったように挑戦に乗ってきた。

鞍に針を刺したかと思ったその瞬間、一本の矢が飛んできた。トンゲサは鞍を足場に飛び上がると、それがトンゲサの股下をかすめて、針の穴を三つに割った。

「やっぱりすごいなあ。次はおれの番だ。この油菜の種を鼻先におきな。それを九つに割ってみせるから。外したら、射ち殺されても文句はない」

油菜の種など射止められるはずがない。武者は言われるとおりにした。トンゲサは力の限りに弓を引き絞り、矢を放った。すると、種も武将の頭も九つに割れた。

トンゲサは、武者のタバコ袋にかまどの灰を三石入れて鞍にかけ、片側には十貫の煙管《きせる》と九つの頭蓋骨を括りつけた。そしてタバコ袋に穴をあけ、

「メイラルチの庭を三回走り回れ」

と命じて、武者の馬の尻を強く鞭打つと、馬は魔王の屋敷へまっしぐらに走っていった。トンゲサは袋からこぼれ落ちたかまどの灰の跡をたどって、敵の在り処を突き止めようと考えたのだ。

一方、魔王はバラバラになった武者の頭蓋骨を目の当たりにして、ひどく動揺した。強敵が近くに来た、平穏な暮らしはこれでおしまいだ！


トンゲサはかまどの灰を追って池の端にたどり着き、水を汲みに来た魔王の奴隷女と出会った。水の重さで立ち上がれない女を助けるついでに、魔王屋敷の様子をたずね、母にもらった数珠をこっそり水桶に入れた。

奴隷女は屋敷に帰ると、酒造りをしている老女に若者のことを話した。この老女こそがトンゲサの母、マヌゾトマだった。母は水桶の底にきらきらと輝く数珠を見つけ、心臓が飛び出しそうになった。

老女は疲れた奴隷女に酒をのませ、代わりに水汲みに行くふりをして部屋を飛び出した。

メイラルチの酒は九日かかってつくったものなので、それをのんで酔ったら九日間眠りから目が覚めないのだ。

池の端に留まっていたトンゲサは、白髪まじりの老婆が近づいてくるのを見て、「もしかして……」とドキッとした。そこで、「頭の虱をとってもらえないか」と頼んでみた。

マヌゾトマは水桶を下に置くのももどかしく、若者の髪を掻き分けてみると、堰を切ったように涙が流れ落ちてきた。見覚えのある瘤《こぶ》を見つけたのだ。生き別れた親子はようやく再会することができた。

トンゲサが「魔王を倒して母さんを迎えるために来た」と伝えると、マヌゾトマは息子の身を心配しながらも、その決意の強さに負けて助言した。

「メイラルチを殺すには、まずその命の根である木を切り倒さなければならない。それはこの池の水際に生えている」

天にも届く大木が池の水際にあった。トンゲサは早速刀を振り回してその幹に切りかかった。が、不思議なことに、切ったそばから切り口が癒えて、いくら切っても切断できなかった。それを見守っていた天女が助けて言った。

「切り口にお母さんの裙子《スカート》を詰めて、反対側から切れば倒せるわ」

そのとおりにすると、簡単にその大木を切り倒すことができた。木から流れ出た血で池は真っ赤に染まった。トンゲサはさらにその根っこを掘り出して捨てた。

息子が大木と格闘している間に、母親は部屋の中に九尺ほどの深い穴を掘った。そして、そこにトンゲサを隠して、再三念を押した。

「弓を構えて待っていなさい。魔王が寝ている時に、必ず命の脈をあらわにするはず。それがどこにあるか、わたしにも分からない。何とか聞き出すから、話をよくよく聞いていなさい。分かったら、それをめがけて矢を放つのよ」

地下室の入り口をしっかりと隠してから、マヌゾトマは何食わぬ顔で酒造りに戻った。日が暮れて、妖怪メイラルチが獲物の人間を歯と指に引っ掛けて戻ってきた。部屋に入るなり、

「人間の生臭い匂いがする。気分が悪い。敵が近くに来ているに違いない」

と叫んだ。そして、占いをするために、マヌゾトマに蔵から五穀を取ってくるように言った。占い用の五穀は一度しかつかみとることができない掟があったが、マヌゾトマはわざと五穀を三度つかみ取っては戻し、最後に取った五穀を裙子の裏と表でそれぞれ三回まわした。そうすれば、占いは当たらなくなるからだ。

それが見事に功を奏し、メイラルチは「おれの敵はまだまだはるか山の彼方にいる」と言って、安心して寝転んだ。

だが、命の根となる大木を切り倒された魔王は、体中がずきずきと痛み、なかなか眠れなかった。それにマヌゾトマがわざと下の息子の腕を抓《つね》って泣かせたので、魔王はますます煩わしくなって叫んだ。

「何とか静かにさせろ！」

「あなたの命の脈を見たいというのよ。見せて見せてと泣いてせがむのよ」

と、マヌゾトマは罠を仕掛けた。

睡魔に襲われながらも眠れない魔王は、つい警戒心を緩めた。

「中柱にあるから、見せりゃいいんだ」

部屋の真ん中にある柱をよく見ると、満月のような丸い輪が柱伝いに上へ下へと動いていた。そして、輪の真ん中に蜂ほどの大きさの光が目眩《まばゆ》く回っていた。

「回っている光かい」

と確かめると、

「そうだ、そうだ」

と乱暴な返事が返ってきた。

その会話をトンゲサはしっかりと耳にし、トンゲサの腰の三本の鋭利な矢が怒りの気炎を上げた。

「ぼくは魔王の骨をかじってやりたいんだ」

「ぼくは魔王の血をのんでやりたいんだ」

「ぼくは魔王の心臓を食べてやりたいんだ」

トンゲサはまず血をのむ矢を標的めがけて放ったが、手が震えて的を外してしまった。柱にぶつかった矢は大きな音を立てて酒鍋の蓋に落ちた。「敵の刺客が来たか！」とメイラルチはひやりとした。マヌゾトマは子どもを抱いたまま、平静を装って答えた。

「腕輪を銅鍋にぶつけたの」

魔王は安心した様子でまた寝転んだ。

そこで、トンゲサは心臓を食う矢をしっかりとつがえ、標的をめがけて放った。その瞬間、激しい山鳴りや水鳴りがとどろき渡り、地面も家もうねるように揺れ出した。メイラルチは寝床から跳び起きると、天地を揺るがさんばかりに喚き出した。

トンゲサは一気に穴から飛び出し、体当たりして魔王の体を押さえつけ、剣を抜き払って切りかかろうとしたが、渾身《こんしん》の力を振り絞って必死にもがく魔王の身になかなか切りつけることができなかった。

その光景を目にしたマヌゾトマが裙子を脱いで魔王の頭にすっぽりと被せた。すると、メイラルチは観念したように哀願した。

「こうなっちゃ、お前に殺されたのも同然だ。息が苦しい、せめて一息させてくれ」

トンゲサが手を緩めると魔王は三回息を吹き、それをそれぞれアシナガバチ、スズメバチ、蠅《はえ》・蚊《か》・蚤《のみ》に変えた。さらにもう一度息を吹こうとした時、トンゲサは剣を突きつけた。メイラルチは未練がましく言った。

「お前の手にかかって死ぬなら本望だ。もう息は吹かないから最後の話を聞いてくれ。よーく覚えておけ。右側の神堂に刺繍用の針が、左側の神堂に菜種が、それぞれ一袋ずつ置いてある。絶対にそれを竃《かまど》に捨てるな……」

トンゲサは最後まで話を聞かず、その頭を切り落としてしまった。仇は討ったが、魔王の最後の言葉が気になってならなかった。

神堂を探してみると、針袋と菜種袋が言われたとおりにあった。試しに針を三本かまどに投げ込んでみると、大きな爆音とともに鉄鎧の武者が三人飛び出してきて、切りかかってきた。トンゲサは慌てて応戦し、激しい闘いの後に三人を倒した。

魔王を殺し、見事に復讐を果たしたトンゲサは、母をダジンリに乗せて故郷への途についた。この時になって、母は衝撃的な事実を淡々と打ち明けた。

「実は、お前には魔王の血を引いた三人の弟がいる。わたしがお腹を痛めて産んだ子だ。そっとしておいておくれ」

突然の告白にトンゲサはひどく動揺したが、懸命に平静を装って、弟たちには手出しはしないと誓った。そして、二人は黙々と旅を続け、尾根のやや平らなところまで来た時、トンゲサは馬の鞭を魔王屋敷に忘れたからと言って、母の不安気な眼差しをよそに一人で引き返した。

トンゲサは足を忍ばせて庭に入ると、

「父の仇は必ずおれたちで討たなければならない！」

と怒りと恨みに満ちた声が聞こえた。丸太の壁の隙間から覗いてみると、三人の大男が罵り合っていた。トンゲサがわざと一つ咳払いをすると、三人はたちまち寝床におとなしく眠る赤ん坊の姿に変身した。

「今のうちに根こそぎに片付けてしまわないと、この先きっとおれの命取りになる」

トンゲサは断腸の思いを断ち切って剣を抜きはらい、三人の兄弟を殺した。

鞭を手に戻ってきたトンゲサを母はすかさず問い詰めた。

「本当に弟たちに手をかけてないよね」

「やってないよ」

だが、マヌゾトマは息子の鼻先や衣服にかすかな血の染みを見つけ、

「剣を抜き出して見せなさい！」

と語気荒く言った。覚悟はしていたものの、血まみれの剣を目の前に突きつけられたマヌゾトマは気絶して、そのまま息を引き取った。

さまざまな苦難を乗り越え、やっと再会できた母親を怒りのうちに死なせてしまったトンゲサは、悔しさと悲しみで泣き潰れてしまった。森や山、谷を流れるせせらぎ、白雲に母を助けてくれるように哀願したが、誰もが溜め息をつくばかりだった。白雲は白い絹の布を広げて天・地・日・月を覆った。山の万物がトンゲサの泣き声に感化され、ともに泣いた。兎は目が赤くなり、猫は声がかすれ、白鷺は真っ白な羽の喪服を着た。

トンゲサは涙を流しながら松の木を積み上げて母を荼毘《だび》に付した。その横で寂しそうに立っていた一本の梅の木が、真冬にもかかわらず美しい花を咲かせていた。

トンゲサは母の遺骨を拾い、ダジンリとともに故郷に帰り、崩れかけた家から叔母の骨壷を持ち出し母の遺骨を納めた。そして、父の遺骨を見つけて母と一緒に埋葬するために、その骨壷を携えて父の遺骨を探す旅に出た。

トンゲサは出会う順に⑦雁《かり》・閑古鳥《かんこどり》・雉《きじ》・鵲《かささぎ》・蝙蝠《こうもり》・黒スズメバチに頼んで、九十九の場所を探し、七十七の場所を掘り下げてみたが父の遺骨は見つからず、父の魂を呼び戻すことができなかった。疲れ果てたトンゲサは、山坂にある大きな松の木に神馬を繋いで寝転んだ。

⑦現在プミ族は遺骨納めの式を行う時、シャーマンが雁・閑古鳥・蝙蝠などの格好をする由縁である。

その時、一匹のスズメバチが木の上から飛び出し、神馬の頭上をブンブンと泣きながら飛び回った。それに驚いたダジンリが思わず横へよけると、そのはずみで松の木が根こそぎに引き抜かれ、トンゲサの父親の遺骸がその下に埋められていた。仰向けて寝ていた父親の体は、⑧頭部に小さな柏の木、首に小松の木、胸あたりに柏の木、左の掌に躑躅《つつじ》の木、右の掌に椿の木、腹には白樺の木、両膝には躑躅の白花、両足には紫金《しきん》杉が生えていた。

トンゲサは父の遺骨を骨壷に納め、昼夜をわかたず三日がかりで家に戻った。それから、お葬式を出す方法と日時について、天神の獅子《ライオン》、ブジャゾに占いをお願いした。

天神は占いの結果を次のように告げた。

「来年の三月六日にイシデンバ神がそこを通るから、その方にお願いするとよい」

そして、翌年の三月六日、トンゲサは門前を通りかかったイシデンバ神を引き止めて、納骨の式をお願いした。あらかじめ二人の⑨祈祷師を頼んであったが、雄鶏が初鳴きして遺骨を送り出す時刻になっても二人は姿を現さず、結局、⑩墓地へ向かう途中でやってきた。遺骨は一番高い山の頂に送られ、その場でイシデンバ神はお経をあげて引導を渡し、その魂を⑪天上に送った。

トンゲサは最後に、

「どうすれば親の魂を呼び戻すことができるでしょうか？」

と尋ねると、イシデンバ神は次のように答えた。

「ジャウセンジュとウソンロクという二つの神器を拵えて神堂に祀っておけば、ご両親の魂は帰ってきてくれる」

⑧現在もプミ族は遺骨を埋葬する時、墓穴の体の該当するところに各種の樹木の画を描いて、人間の体を模する慣わしがある。

⑨「漢帰」ともいう。

⑩祈祷師が式に遅れたため、現在でもプミ族の納骨式では祈祷師が司祭しないことになっている。

⑪現在でも、プミ族では死者の遺骨を山頂に送り、「あなたを天上に送ります」と唱える習慣がある。

トンゲサは叔母の遺骨を両親のものと一緒に納めた。

プミ族では親の法要会を開くだけの経済力がない家は、血縁関係にある肉親をまとめて法要する習慣がある。式の前夜に遺骨を集め、翌朝、雄鶏が鳴く頃に山頂へ送ればいいということだ。

日食の伝説

昔々、玉坪山《ぎょくへいざん》の麓にある下風村《かざしもむら》にプミ族の若い夫婦が住んでいた。

夫はアーザという名で、年齢は三十前後、腹のすわった優しい働き者で、村一番の弓の名人だった。妻のマリーは二十を過ぎたばかりだが、器量よしで麻布織の達人として知られていた。夫婦は放牧で暮らしを立て、幸せな日々を送っていた。

ところが、アーザが不治の病にかかってしまい、若くて仲の良い二人は別居を余儀なくされ、来る日も来る日も寂しくて辛い日々を送らざるを得なくなった。

マリーは、村々の名医を尋ねたり神頼みをするなど、八方手を尽くして夫の病を治そうとしたが、いっこうに効き目がなかった。それでも、優しいマリーははだか麦の酒を用意し、夫が全快して帰ってくる日をひたすら待った。

あっという間に五年の月日が流れた。玉坪山の西の中腹にある洞窟に身を寄せたアーザは世のあらゆる辛酸をなめながら、やがてあちこちで果実の実がなる秋を迎えた。

ある日、アーザが野生の果実を摘み取って洞窟に戻ると、数十匹の蟒蛇《うわばみ》が戯れ合っていた。それは陽が西に沈む頃まで続いた。アーザはその光景に肝を潰すほど驚いたが、ほかに身を寄せる当てがないので、恐るおそる洞窟に入るしかなかった。

翌日の午《うし》の刻《こく》、その数十匹の蟒蛇がまた洞窟に現れ、昨日よりも勢いを増して踊りまくった。こうしたことが旧暦の七月十四日まで続いた。

七月十四日はプミ族の大切な日で、祖先を祀る日だった。

この日、マリーは朝早く起きて、家の最後の子山羊《やぎ》を潰して頭と蹄の手入れをした後、母屋の真ん中に供えた。それから、ろうそくと線香を立てて盃をささげ先祖を祀っていると、なおのこと夫が偲ばれ、仏壇の前に額突《ぬかず》き、堰が切れたように涙を流しながら、夫の病気が治り、一日も早く帰ってくるよう祈った。

その日の午後、マリーは残った肉や酒、塩を夫と約束しておいた場所——三岔河《さんしゃがわ》まで届けた。そして、引き返そうとしたところ、森の奥からアーザの歌声が流れてきた。

…………

世の中のすべてを失ったおれには
惨めな暮らししか残らない
けだものと隣合わせで
寄り添うのはいつも毒蛇だ

マリーはすかさず歌を返した。

あなたが病気なら、薬を届けよう
けだものが怖いなら、弓を届けよう
毒蛇が怖いなら、刀を届けよう
けだものも毒蛇も心得たものでしょう

アーザは妻が届けてくれた刀を洞窟の入り口に仕掛けた。するると、蟒蛇の王様が半分に切られて死んでしまった。ほかの蛇は慌てふためき大混乱になった。しばらくすると、体が太くて短い、模様を帯びた一匹の花蛇が出てきた。そして、死んだ蟒蛇の王様の体を三度回るとすぐに洞窟に戻った。またしばらくして、再び姿を現した時、その花蛇は口に黒い薬をくわえていた。その薬で蟒蛇の王様の体をくまなく擦《こす》るように洗うと、蟒蛇の王様は奇跡のように生き返った。

その後、蟒蛇の王様は疲れ果てたのか傲慢なのか分からないが、残りの薬を投げ捨てて、地面を二、三度、転げ回るとゆっくりと洞窟に戻っていった。

捨てる神あれば拾う神あり。

アーザがこの薬を拾ってよくよく見てみると、なんと霊薬だった。「万病を治し、人を若返らせる効用がある」と長老から聞いていたアーザは大喜びして、その薬を自分の体に何度も塗りつけてみたところ、予想したとおりに病気はあっという間に快復した。

病気が治ったアーザは、わが家に帰る途中、死んだ黒い犬を見つけた。そこで霊薬を犬の体に塗って助けてやった。

その後、黒犬を引き連れて旅を続けていると、葬式の大行列に出会った。尋ねてみると、役所の軍馬が一頭死んだという。

アーザは叩頭《こうとう》して県知事に申し出た。

「知事様、わたしは死んだ軍馬の命を救うことができます」

「真実ならば、銀塊を三百、土地をたくさんくれてやる」

「約束ですよ、君子に二言はありませんね！」

アーザは念を押すと、戦馬の亡骸《なきがら》を広い本殿に運ばせ、すべての人を退室させた。

やがて軍馬は生き返り、アーザは三百の銀塊と見渡す限りの良田を褒美としてもらい、五年ぶりにわが家に戻り、妻と幸せな生活を送っていた。

だが、アーザが家に帰った時、革の箱を大事そうに戸棚にしまい、

「くれぐれも開けてはいけない」

とマリーにきつく言いおいた。

「いったい何が隠されているのだろうか」

若いマリーには気にかかる謎だった。

アーザが放牧に出かけた日のこと、一人留守番をしていたマリーは、革の箱のことが気になり我慢ができなくなって、

「今日こそ謎を解いてやりたい」

と決心して、戸棚から箱を取り出して開けてみた。

「ああ、なんだ薬じゃないか。どうして夫はこれほど秘密にするのだろう」

部屋の中は暗くて、よく見えなかったので、マリーは薬箱を持って外に出た。しまった！　薬は強い光に晒され、一瞬光を放つと、風とともに天上の宮殿へ舞い上がって行った。


薬を取り戻すために、アーザはあちこちから麻の茎を集め、村の人の手を借りて天宮にとどく梯子《はしご》をかけた。そうして、黒犬を連れて天宮へ登っていった。

アーザは四十九日間歩きに歩いた。

五十日目に天宮にたどり着くはずだったが、麦焦がしを食べ切ってしまい、空腹に耐えかねて力尽きてしまった。そして、ついに持ちこたえられなくなり、天宮に着く一歩手前で梯子から落ちてしまった。

一方、黒犬は天宮にたどり着き、太陽は霊薬を得ていつまでも年を取らずにいられるようになった。黒犬は主人のことを思い出すたびに、

「主人を返してくれ」

と太陽に噛みついた。その時、太陽は光を発することができず日食が生まれた。

以来、プミ族は日食が起こるたびに犬を閉じ込めて、

「太陽を救え、太陽を救え！」

と大きな声で叫ぶようになった、ということだ。

蛙と智慧の水

大昔、人間は愚かで、頭で考えることはもちろん、話すことさえできなかった。全身が長い産毛《うぶげ》に被われ、獣はもちろんのこと、鳥や魚、虫からさえ、やたらといじめられ、やり返す力はまったくなかった。その中で鴉《からす》が一番酷《ひど》かった。とにかく鋭い爪で人間の産毛をむしり出したらが最後、一本残らず抜き取ってしまうのだ。

ある日、鴉が一人の男を見つけると、男目がけて一気に急降下した。突然のできごとに面食らった男は、逃げ場が見当たらず、慌てて道端の岩の下にある、小さな穴に潜り込もうとした。だが、入り口が小さいので、頭しか入らなかった。鴉は穴の外にはみ出した男の尻に飛びつくと、あっという間に全身の毛を残らずむしり取り、飛び去った。男は頭と脇の下以外はつるつるになった。

男は丸裸のまま道を進んだ。そして、灼熱の太陽の光に晒されて体を膨らませ、息も絶え絶えになっている蛙が目に入った。気の毒に思った男は、そっと蛙をすくい上げ、道の横にある溝に入れてやった。蛙は水に入るとたちまち元気を取り戻し、男の恩に感謝して言った。

「ぼくは溝からはい出したら、牛に踏まれたり馬に蹴られたりして動けなくなってしまいました。誰一人手を差し伸べてくれる者はなく、あなたが助けてくださらなければ、もうとっくに死んでます。ぜひ恩返しをさせてください」

男は蛙の言うことはよく分かったが、話すことができなかったので頷《うなず》くしかなかった。

そこで、蛙は続けて言った。

「お礼として、あなたも話したり考えたりすることができるようにしてあげたい。ほら、向こうの山の頂上に大きな松の木が見えるでしょう。あの木の下に大きな石があり、その石の上に二杯の水が置いてあります。濁ったほうは愚かになる水で、澄んだほうは智慧の水なのです。澄んだきれいな水を飲めば利口になり、話せるようになるのです。ただし、飲み干さないで、ぼくに半分を残してください」

男はさっそく向こうの山に行き、蛙の言うとおりに、澄んだきれいな水をごくごくと貪《むさぼ》るように飲んだのだ。水が喉を通った途端に、目から鱗が落ちたように頭の回転が速くなり、言葉を話せるようになった。が、ついつい蛙の分まで飲み干してしまった。

賢くなった男は真っ先に鴉にお仕置きをしようと考えた。よくよく考えた末、男は草を刈ってきて、縄を編み始めた。

ちょうどその時、鴉が通りかかり、空に円を描きながら男をからかって叫んだ。

「カァーカァーカァー、能なしの人間が自分の腸《はらわた》を弄《もてあそ》んでいる」

男は鴉にそっぽを向いたまま、ひたすら縄編みに打ち込んだ。縄ができると、次は木の棒を削って、弓と矢をつくり始めた。またもや鴉が野次《やじ》を飛ばしてきた。

「カァーカァーカァー、能なし人間が自分のあばら骨を削ってる」

男は気を散らすことなく、ひたすら削り続けた。

弓と矢が出来上がった時、鴉はまだ空をうろついていた。男は弓に矢をつがえると鴉を目がけて一つ放った。

翼に激しい痛みが走り、鴉は危うく墜落するところだった。鴉は翼をばたつかせながら、

「カァーカァーカァー、しまった。くそ矢に刺された！」

と痛々しく叫び、松の木にとまって休むことにした。そして、翼から流れ出た血が松の枝に染み込み、真っ赤に染まったところが松明《たいまつ》になった。

以来、智慧の水を飲みほした人間はますます賢くなったが、ほかの動物は愚かな水しか飲めなかったので、頭がどんどん悪くなり、話すこともできなくなった。

プミ族は蛙の恩をしっかりと心に刻み、子々孫々、蛙を捕ることを禁じた。

ペー族の民話

杜朝選が妖怪を退治した話

昔々、①永勝を流れる金沙江の岸辺に杜朝選《とちょうせん》という若い猟師が住んでいた。幼い頃に両親を亡くし、叔父と暮らしていた。遠方まで名の知れわたった猟師の叔父について猟をするうちに、確かな技量を身につけ、十八歳になる前に虎を一匹、豹《ひょう》を三匹、猪《いのしし》を十四仕とめるほどの腕前になった。その腕前に感心した狩猟の神様から、木を引き抜き山を揺り動かす力を授かった。ところが、二十歳になった年、村が干ばつに襲われ、叔父が亡くなり衣食の見通しが立たなくなった。杜朝選は叔父を葬った後､弓矢を携えて故郷の村を離れ、放浪の生活を余儀なくされた。

①現在の麗江市のはずれにある集落。

ある日、杜朝選は大きな湖のほとりにたどり着いた。湖の西に高い山がそびえていて、とても美しい景色だった。ここはいったいどこだろう——誰かに尋ねてみようとしたところ、不思議な歌声が聞こえてきた。

大理の蒼山《そうざん》　②礎石《そせき》が美しい
大理の③洱海《アーハイ》　魚が肥えている
礎石も採れば　網も打つ
毎日休まず働いて…

ああ、あの有名な洱海のほとりに来ているんだ。ということは、向こう岸に高くそびえる山が蒼山、猟をするところなのだ。そこで、杜朝選は岸辺で網を整えていた初老の夫婦に声をかけた。

「おじさん、おばさん、この小舟で西の岸へ渡らせてくれないか？」

老夫婦は確かめるようにじろじろと見て、いい人だと思ったらしく、

「我々もちょうど西のほうへ漁に行くから、乗っていくといい！」

と言ってくれた。杜朝選はそっと小舟に乗った。

「若い衆、西へ何をしに行くんだね？」と漁師は櫂《かい》を漕ぎながら聞いた。

「猟をして、生計を立てるためさ」

「猟だって？」漁師が眉間にしわを寄せて、「蒼山はだめだ！」と言った。

②建物の基礎となる石のこと。雲南省は古くから石材の産地として知られ、「大理石」の名前の由来ともなった。
③大理古城区の東にある雲南省随一の湖。

「どうして？」

「実は、数年前、ある妖怪が蒼山にやってきた。それは妖怪の大蛇《おろち》だそうじゃ。牛や羊だけでなく、人間も捕まえて食うそうじゃ。むざむざ命を捨てちゃならねえ」

と漁師はため息まじりに言った。

その言葉を戯《ざ》れ言《ごと》のように聞き流した杜朝選は笑みを浮かべて言った。

「大蛇だろうが蛇だろうが、おれは猟をするだけさ。妖怪なんて知ったこっちゃない」

「年寄りの忠告に耳を貸さぬは損のもと。気をつけなさいよ」

話を交わしているうちに、西岸の桃園村に漕ぎ着いた。杜朝選は船賃を払おうと考えたが、いくら探しても文無し。どうしたものかと頭を抱え込んだ時、ふと漁師が手に持っていた竹竿が目に入った。杜朝選は、目を輝かせて、

「おじさん、竹竿をかして」

と言うと、竹竿を湖の底へ向かって深く差し込み、何かを唱えながら、勢い良く竹竿を引き抜いた。すると、湖に果てしなく深い水穴が現れ、数えきれないほどの魚が泳いでいた。

杜朝選は竹竿を漁師に返すと、

「おじさん、おばさん、お世話になったお礼にこの穴をつくったのです。これからこの穴のあたりで網を上げればいい。捕りきれないほどの魚がいるから」

と手を合わせて言った。この場所は後に、「桃園魚洞」と呼ばれるようになった。

杜朝選は漁師夫婦に別れを告げ、蒼山へ向かった。

ひた歩きに歩いて大きな寺の前にたどり着いた。だが、この寺にはお坊さんもいなければ、お線香の煙や火も見当たらなかった。観音様の像は埃《ほこり》にまみれ、あらゆるのものが乱雑に散らかっていた。薄暗くて不気味な寺だった。あちこち見回していると、突然悲しげな泣き声が聞こえてきた。二人の老人が幼い二人の子どもを連れて、泣きながらうねうねと曲がりくねった細道をたどって、こちらへ向かってきたのだった。

杜朝選は近寄って話しかけた。

「おじいさん、何で泣いているの？」

「ああ、まだご存知ないのか」

老人が涙を拭《ぬぐ》いながら言った。

「神摩山に性悪な大蛇が住み着いて、たびたび山から下りてきては罪なことばかりするんじゃ。数年前、あいつは勝手に掟を定め——毎年の三月三日に村では生贄《いけにえ》として幼子二人を献上しろ。さもないと、胡蝶泉の周城村をひどい目に遭わせる——というのじゃ。今日が三月三日、我々両家が子どもを差し出す番なのだ。六十を超えたこの老いぼれには、息子一人と娘一人しかいない。なのに、この親子ももうすぐ別れ別れにならなければならない…」

老人は涙で顔を濡らした。

杜朝選はその話を聞いて、胸の中に怒りの炎が燃え上がった。

「おじいさん、その子たちを連れて帰ってください。大蛇はおれに任せてください。成敗《せいばい》してやるから」

「若い衆よ、その大蛇は変身もできるし、人間の言葉を話すこともでき、大変な力持ちだ。そいつを退治するなんて無理だ。逆らわないほうがいい。村人を巻き添えにしちゃだめだ」

杜朝選は何も言わずに、少し離れた大岩に向けて矢を放った。ドカンという大きな音とともに大岩に火花が散った。そして、大岩は引き裂かれ山から転がり落ちた。老人は若者の武芸の腕前に驚き、かつ喜びながら言った。

「災いを取り除いてくれるなら、しばしお待ちください。④午時三刻《うしどきさんのこく》、あいつは必ずここに来ます。村人を呼んできて、手伝いましょう」

二人の老人が子どもを連れて村へ帰った後、杜朝選は大きな木の陰に身を隠し、刀と弓を構えて神摩山の方向をじっと見つめていた。

しばらくすると、突然、山から黒い雲が沸き立ったかと思うと、麓へ転がりながらのしかかってきた。たちまち砂ぼこりが空一面に立ち込め、木の葉が揺り落とされた。古寺の上空が瞬く間に黒雲に覆われ辺りは暗くなった。虎とも猪ともつかない妖怪が雲の上で大笑いをした。それは数メートルはある長身で、とてつもなく巨大な体と頭を持ち、口から黒い煙を吐きながら、

「拙者《せっしゃ》は、数千年もの修養鍛錬を成就した者、天と地を覆《くつがえ》し生き物を皆滅ぼしてやる！」

と叫んだ。その言葉に杜朝選の怒りの炎がめらめらと燃え上がり、力の限りに弓を引き絞ると、びゅんびゅんと矢を続けざまに放った。

大蛇は迫りくる矢を次々に遣り過ごした次の瞬間、左目を射抜かれ激しい痛みで思わず叫んだ。その途端、風が荒れ狂い、黒い霧が濛々《もうもう》と立ち込めてきて、何も見えなくなった。

④午後12時45分頃。

しばらくして風が収まると、どこへ行方をくらましたか、その姿は消えていた。

よくよく見ると、妖怪の体から滴《したた》り落ちたらしい、生臭い血痕が神摩山のほうへと続いていた。杜朝選がその血痕を追っていくと、大きな川のほとりで二人の美しい白族《ペーぞく》の娘が血まみれの服を洗っているところに出くわした。

「ここ数十里のうちにはほとんど人気がないのに、娘がここで服を洗っているはずがない。まさか妖怪の化身ではないか」

杜朝選はいきなり刀を抜くと、

「妖怪め、どこへ逃げるのだ」

と切りかかっていった。二人の娘は顔を真《ま》っ青《さお》にして聞いた。

「どうして殺そうとなさるのですか？」

「美人に化身して、たぶらかすつもりか、この化け物め！」

「どうかお助けてください！」娘たちはひざまずき涙を浮かべて答えた。

「わたしたちは周城村のもので、山へ柴刈りに来た時、魔物の妖術にかかって捕まってしまったのです。さんざんこき使われて苦労しました」

「なぜ逃げないのか」

「ご存知ないかもしれませんが、魔物が尻尾で境界線を引き、その線を越えようとするとすぐに気づかれ、一度でも逃げようものなら、叩き殺して肉餅にすると言われているのです。逃げようにも逃げられないのです」

「そうか。じゃ、この血まみれの服は誰のものなのだ？」

「実は昨日、あいつがある英雄に左目を射抜かれ、血まみれになって逃げ帰ってきたのです。今朝、これをきれいにするように言われました。もしや、あなたがその英雄では？」

杜朝選が頷《うなず》くと、娘たちは暗い表情を笑顔に変えて言った。

「あの魔物を殺すなら、ついてきてください」

杜朝選は奇岩怪石に囲まれた、暗い洞窟の前に案内された。

すぐに中へ入ろうとしたところ、娘たちに止められた。

「むやみに入ってはいけません。あいつは怪我が治るまで寝ていると言っていましたが、それでも、あいつの体に豹、虎、獅子《ライオン》、蟒蛇《うわばみ》という四つの魂が宿っています。その上、⑤八宝神剣《はっぽうしんけん》を肌身離さず持っているのです。まずその神剣を奪い取ってからでないと、あいつの魂を殺すことは難しいのです。神剣を盗んでくるまで、しばしお待ちなさい」

杜朝選はその言葉に感動し、洞窟に入っていく二人を見守った。

洞窟の中には、人骨を積み重ねてつくった祠《ほこら》があった。妖怪は足で鉄の大槌《おおづち》を踏み押え、神剣を枕にして、青黒い石の上で雷鳴のような鼾《いびき》をかきながら眠っていた。娘たちが石の寝床に近づき、

「殿様、少し奥の方へ寄ってください。落ちそうですすよ」

と小声で言うと、妖怪は転がるように体を動かした。

その瞬間、娘の一人が神剣を手にするなり、外へ向かって走った。驚いて目を醒ました妖怪は寝床から飛び降り、神剣を奪い返そうと追ってきた。とっさにもう一人の娘が機転

⑤さまざまな魔力を持つ剣。

を利かせて、びしょ濡れになった血まみれの服を妖怪に投げかけた。不意に頭をすっぽり被われた妖怪は罠にかかったと思い、一瞬たじろいだ。その時、杜朝選が手に入れたばかりの神剣を振りかざして切りつけた。妖怪は慌てて鉄の大槌を振り上げて抵抗したが、杜朝選は雷さながらの鋭さで神剣を振り下ろした。妖怪ははあはあと息を切らし、太刀を受けるだけで切り返す力もなくなった。そして、観念したかのように身を翻《ひるがえ》し姿を消した。

次ぎの瞬間、呆気《あっけ》にとられた杜朝選に向かって、一匹の豹《ひょう》が正面から飛びかかってきた。杜朝選はすかさず冷静さを取り戻して矢を放ち、矢はまともにその心臓を貫いた。

豹があっけなく死んだかと思った次の瞬間、暗闇の中から白額《しろびたい》に目のつり上がった虎が牙を剥き出し、鋭い爪を立てて襲いかかってきた。杜朝選は身をかわすと、跳び上がって虎を蹴り倒した。その勢いにのって神剣を一振りするとその腹を切り割き、剣についた血を虎の体で擦《こす》り取った。その時、一匹の獅子が背後から死にもの狂いで襲いかかってきた。とてつもなく硬い爪を剥き出し、杜朝選に絡みついて格闘となった。洞窟が揺れ、岩石が崩れ落ちるほど激しい闘いだった。戦場が洞窟の外の崖《がけ》っ縁《ぷち》に変わり、杜朝選は獅子のたてがみをつかむと、果てしなく深い谷底へ突き落とした。

三つの悪霊を退治した杜朝選がひと息つかないうちに、妖怪がついに正体を現した。鋭い刃物さながらの巨大な牙を剥き出しにして、黒い雲のような毒煙を噴きながら、太い体を十九の岩山に絡みつけて身構えていた。

杜朝選は顔色一つ変えず、神剣を振り回して切りかかっていった。その勢いに押された妖怪は洞窟へ逃げ込もうとしたが、杜朝選は一瞬も攻撃の手を緩めなかった。妖怪は口や鼻から血を出すほど疲れ果てて、洞窟へ逃げ込むしかなかったが、入り口はすでに娘たちに塞《ふさ》がれていた。

杜朝選は窮地に追い込まれた妖怪に向かって、さらにすさまじい追撃を仕かけた。妖怪の身体から鱗片《うろこ》が飛び散り、汚い血の滴《しずく》が飛び散った。すると、その鱗片は無数の小蛇に姿を変えて杜朝選に巻きつき、血の滴は無数の妖怪に化けて杜朝選の手足に絡み付いた。戦況は逆転したかのように見え、妖怪はにんまりと笑って言った。

「三つの魂がお前のおかげで犠牲になった。今日の今日こそ、お前の心臓や肝臓を食らって、お前の脳髄を吸い取ってやるぞ」

そう言い終わるか終わらないうちに、杜朝選が胸いっぱいに息を吸い込み、思い切り全身に力を入れると、身体に巻きついた小蛇らは千々に吹き飛び、手足を振り払うと、そこにしがみついていた妖怪は岩壁に叩き付けられて息絶えた。さすがの妖怪もその状況に腰を抜かした。すかさず杜朝選が鉄のような手でその急所をつかんで押えつけると、大蛇は白目を剥いて舌をだらりと垂らして、息も絶え絶えに命乞いをして言った。

「どうかお許しを。助けていただけるならば、金銀財宝をほしいだけ差し上げます。そして、あなたの召仕いとして、世々代々お仕えします」

杜朝選がそんな口車に乗るはずはなく、神剣を妖怪の腹にしっかりと突き刺した。そのあまりの勢いに神剣は音を立てて二つに折れた。

ついに妖怪退治を成し遂げた杜朝選は二人の娘と薪を運んできて、大蛇の死骸を宮殿もろともに燃やして山を下りた。妖怪退治の一部始終を目の当たりにした二人の娘は杜朝選に感動し、山を下りる途中で杜朝選に思いを告げた。杜朝選も娘たちの優しさと勇気に引かれ、二人と夫婦の契りを交わした。

三人が蝴蝶泉のほとりまで来ると、周城村の老若男女が大勢集まり帰りを待ち構えていた。そして、村人は彼らのために三日三晩にわたって宴を開いて祝った。

金龍の仇討ち

昔、ある貧しい家に一人の娘がいた。毎日空腹を抱えて、谷川で地主のために洗濯をしていた。

ある日のこと、娘が洗濯をしていると、ふいにいくつかの桃が流れてきた。ひもじさのあまり、娘はすぐさま一つ拾い上げて食べた。すると、ほどなくして赤ん坊を産み落とした。娘は予期せぬことに驚き慌ててしまい、赤ん坊は娘の手から谷川へ滑り落ちて姿が消えた。その後、娘は続けざまに七つの桃を拾い、一つ食べるたびに一人ずつ赤ん坊を産んだが、七人とも川に滑り落ちて見えなくなった。

そして、九つ目の桃を拾って食べようとした時、水神様が現れて娘に告げた。

「今度こそしっかり赤ん坊をつかんでおくのだ。水の中に入れてはならないぞ。子どもを産んだら、しっかり抱いて家へ連れて帰り、よく面倒を見て育てるのだ。大きくなったら、きっとお前の役に立つだろう」

水神様の話が終わるか終わらないうちに、九番目の子どもが産まれ落ちた。娘は水神様に言われたとおり、子どもをしっかりと抱いて家へ帰り、心を込めて育てることにした。

しかし、娘が父なし子を産んだことは、たちまち村人に知れ渡った。若い娘は恥ずかしくて、二度と地主の家で奉公することができなかった。代わりに草刈をして、生計を立てることにした。

七、八年が過ぎ、この子は背が高くがっしりとした体格の賢い少年に成長した。娘は水神様の言葉を思い出して内心喜んでいた。そこで、子どもを塾に入れて学問を学ばせることに決めた。先生はこの子が生まれつき聡明なことを見抜き、すぐに入学を許した。

ところが、金持ちの息子たちは、貧しい子どもが私塾に入ってくることを心よく思わず、寄ってたかってこの子をいじめた。

「父なし子が塾に入ってきたぞ。誰もあいつに構うな」

先生以外は誰一人この子を庇《かば》おうとせず、来る日も来る日も一人で塾に行き一人で帰り、さながら群れからはぐれた燕《つばめ》の子のようだった。

ある日、金持ちの息子たちがこの子に喧嘩《けんか》を仕掛け突き倒した。貧しい子どもはついに業を煮やして、その一人に顔が腫れ上がるほど拳《こぶし》を食《く》らわせてしまった。金持ちの息子たちは、この子にはかなわないと悟《さと》ると泣きながら家へ駆け戻り、父親に訴えた。

地主の父親は怒鳴った。

「なんという乱暴者だ。貧乏人の分際《ぶんざい》で、このわしを馬鹿にする気か」

地主はすぐさま手勢《てぜい》を引き連れて、貧しい子どもの家へやって来た。

「今度また同じことをしたら、ただでは済まさんからな」

と脅《おど》しつけ、母親に貸していたわずかばかりの土地を全部取り上げてしまった。

夜になり、子どもが塾から帰って来ると、母親は地主が脅しに来たことを話して聞かせ、

「これからは、決して金持ちの息子たちと喧嘩してはいけないよ。わたしたち貧乏人は人様に手出しはできないんだからね」

と諭《さと》すように言った。

子どもはそれを聞くと拳を握りしめ、すぐにも地主を殴りに行こうとしたが、母親が体をぶるぶる震わせながら、

「母さんの顔に免じて、我慢しておくれ」

と懇願したので、さすがに心が痛み、怒りを抑えて拳を緩めた。そして、これまでどおりに毎日塾へ通った。


ある日、またもや金持ちの息子たちが嫌がらせを仕掛けて来た。子どもは軽く蚊《か》を叩いた程度にやり返したつもりだったが、なんと地主の息子は死んでしまった。

地主は息子が殺されたと聞き、手勢を大挙引き連れて、貧しい子どもの家をぐるりと取り囲んだ。子どもは危険を察知し、母親を背負って逃げ出した。懸命に走りながら、母親を慰《なぐさ》めてこう言った。

「母さん、心配いらないよ。今はひとまず我慢しよう。でも、いつかきっと母さんの恨《うら》みを晴らしてみせるから」

子どもは母を背負い、さながら雲に乗っているかのような速さで、川に沿って走り続け

た。一度も休むことなく走り続けるうち、喉がひどく渇《かわ》いてきた。辺りを見回して追手を振り切ったことを確かめると、母親をそっと地面に降ろし、川岸に腹ばいごくごくと水を飲み始めた。

ところが、飲めば飲むほど渇きが募《つの》り、飲み続けているうちに、とうとう川の水をあらかた飲み干《ほ》してしまった。そして、飲むうちに子どもの体は金色の鱗《うろこ》に覆《おお》われていき、ついには黄金《おうごん》に光り輝く龍《りゅう》に変わった。

金龍《きんりゅう》が川の浅瀬《あさせ》に飛び込むと、川は再《ふたた》びあふれんばかりの水で満たされた。その水の中で金龍が暴《あば》れ回ると、水が凄《すさ》まじい勢いで流れ出し、①下関《シャーガン》から一気に大理《ダーリ》の北門へと押し寄せた。地主の家はあっという間に押し流され、人も建物も財産も、何一つ残らなかった。

①現在の大理市の中心地。

小黄龍《しょうこうりゅう》と大黒龍《だいこくりゅう》

昔々、大理《ダーリ》の近くの小さな村に地主とその家族が住んでいた。その家に一人の娘が住み込みで働いていた。

ある日のこと、娘が川で野菜を洗っていると、山の上から緑色の桃の実が一つ流れてきた。娘がそれを拾《ひろ》って食べると、あら不思議や、身籠《みごも》ってしまった。

「嫁入り前の娘が身籠るとはふしだらな!」

娘は主人の家から追い出されてしまった。だが、下働きの老婆が、身を寄せるところもなく、毎日泣き暮らしている娘を哀《あわ》れに思い、主人には内緒《ないしょ》で村外《はず》れの辺鄙《へんぴ》な場所に小さな藁《わら》小屋をつくってやった。そして、娘はそこで一人の男児を産んだ。

産気《さんけ》づく間際、どこからか一羽の①鳳凰《ほうおう》が現れ、色鮮やかな翼を広げて屏風《びょうぶ》のように小屋をすっぽり囲み、大きな産声《うぶごえ》が上がると、またどこかへ飛び去って行った。それ以後、母子はこの藁小屋で質素な暮らしを始めた。

小屋の近くに金持ちがいて、一頭の馬を飼《か》っていた。不思議なことに、その馬はこの母の刈った草しか食べようとしないので、母子は草刈りとして生活を立てることができた。

①古代中国で吉兆を表すとして尊ばれた、想像上の霊鳥。胴体手足は七つの動物からなり、五色の羽根を持つとされる。

母親は田畑や野原で草刈りをしている間、赤ん坊を畦《あぜ》に寝かせて蓑《みの》をかけておいた。子どもがお腹を空かせて泣くと、大きな蟒蛇《うわばみ》が来て乳をのませてくれた。こうして子どもはすくすくと大きくなり、三年が過ぎると草刈りの仕事を手伝えるようになった。

それからまた数年経《た》ったある日、大事件が起きた。

洱海《アーハイ》に住む大黒龍が宝物にしていた羽織《はおり》を盗まれたという。実は、それはほかでもない大黒龍の妻の仕業《しわざ》だった。親密になった白龍《はくりゅう》に与えるために盗んだのだった。無駄骨《むだぼね》とも知らずに大黒龍は湖の隅々《すみずみ》までほじくり返して探した。しまいには、流されてはいけないと湖の口を塞《ふさ》いで探し回った。そのため、湖は波が高まり水があふれた。その巻き添えをくらって、あたり一帯の田畑は水浸しになり、おびただしい数の人間が溺《おぼ》れ死んだ。川がどんどん増水し、下関《シャーガン》の黒龍橋まで覆い尽くしたが、騒動を引き起こした張本人の白龍はその羽織を隠したまま、ただ傍観《ぼうかん》していた。

ある日、それを目の当たりにした子どもが母親に言った。

「母ちゃん、大黒龍を退治した者にはたくさんの褒美《ほうび》を与えるって、町にお触《ふ》れが出ているよ。黒龍の騒ぎでみんな安心して暮らすことができやしない。おいら、そいつをやっつけてくる」

無鉄砲なことをさせまいと母親は引き止めようとしたが、少年はその気持ちを先に読み取り、家を飛び出した。

少年は城に入り、お触れをわしづかみにして剥《は》がした。役人が悪戯《いたずら》だと思って少年に殴りかかろうとした。その場にいた野次馬が慌《あわ》ててなだめた。

「お仕置きは明日にして、とりあえず殿様にお目通りさせて、どうやって大黒龍を退治するつもりなのか聞いてみればいいじゃないか」

殿様は品定めするように少年をじろりと見つめて、ひょっとすると上手く行くかもしれないと思った。

「坊や、お前のように幼くては、黒龍退治は無理があるぞ」

「できるとも、ぼくの言うとおりにしてくれれば」

「よかろう、お前の言うとおりにしよう。言ってみるがよい」

「では、銅の龍頭《りゅうがしら》を一つ、鉄の爪《つめ》を四つ、刀を六振り、鉄の饅頭《まんとう》を三百、麦の饅頭を三百、藁《わら》の巨龍《きょりゅう》を三匹、それだけ用意してくれれば、大黒龍を退治してみせる」

殿様は少年の言葉どおりに必要な品々をすべて揃《そろ》えた。少年は銅の龍頭をかぶり、手足には鉄の爪を取り付け、鋭利な刀は一振りを口にくわえ、背中に三振り結わえ着け、さらに両手に一振りずつ持って身を固めた。そして、湖に飛び込む間際、みんなに作戦の指示を出した。

「藁の巨龍を湖に投げ込んで、そいつを奴《やつ》と戦わせろ。まずは奴の体力を消耗することだ」

藁の巨龍が大黒龍としばらく激闘した後、少年は次の指示を出した。

「おいらが飛び込んだ後、黄色の水が湧き上がったら麦饅頭を、黒い水が湧き上がった時には、鉄の饅頭を投げておくれ。そして、おいらが奴を退治し終えたら、どうか芝を一塊《ひとかたまり》水に入れておくれ。その芝が流れ着いたところに、おいらのために廟《びょう》を建ててほしいんだ」

少年はそう言って洱海に飛び込むやたちまち一匹の黄龍に変身して、大黒龍へ向かって行った。すると②数十丈《すうじゅうじょう》に及ぶ水しぶきをまき散らす激戦が始まった。大理の人々は木舟を漕《こ》いでしぶきの後を追いながら声援を送った。

黄龍は腹が減ると水中から頭を突き出して食べ物を探した。人々は黄色の波が立つと、すぐそこへ麦饅頭を投げ込んだ。そして、戦い疲れた大黒龍が黒い波を巻き上げながら、火鉢のように大きな口を開けて食べ物を探し回った時は、鉄の饅頭が投げつけられた。麦饅頭を食べた黄龍がますます勢いを増すのに引き換え、鉄の饅頭を食わされた大黒龍は空腹に腹痛が加わり、三日の戦いで見るみるうちに弱ってきた。

そして、大黒龍より小柄な黄龍は小蛇のように体を器用に動かし、疲れ果てた大黒龍が口を開けてあえぐ隙を見るや、その口の中へ「えいっ」と飛び込み、腹に潜《もぐ》り込んだ。

六振りの小さな刀を身につけた黄龍が暴れると、大黒龍は痛さのあまりにのた打ち回り、真っ黒いしぶきを巻き起こした。すると、巻き上がるしぶきを追ってついてくる木舟からなおも鉄の饅頭が投げ込まれた。内と外から挟み撃ちにされた大黒龍は耐えきれなくなって、苦しげに哀願《あいがん》した。

「黄龍よ、勘弁《かんべん》してくれ、腹が真っ二つに裂《さ》けそうだ。早く出てくれ。この湖はお前に明け渡して、おれはよそへ出て行く。もう二度と戻ってこない」

「分かった。おいらをどこから出してくれるんだい」

② 「丈」は尺貫法の長さの単位。一丈は約三メートル。

「尻の穴から出たらどうだ」

「嫌だね。大便する時、おいらを出した、と皆が言うだろう、おいらを辱《はずかし》めるつもりか」

「それでは、鼻の穴から滑り出たらどうだ」

「冗談でしょ！　鼻をチンとかんでおいらを出した、と言われそうだ。とんだ恥だ」

「それでは、耳の穴から潜《もぐ》り出たらどうだ」

「嫌だ。耳くそをほじくっておいらを出した、と言われるに違いないよ」

「助けてくれよ、もう堪《たま》らん。おれの脇の下からはい出てくれ」

「嫌だね。おいらがはい出したところを挟み殺されるに違いない」

「ならば、おれの足の裏に穴を開けて出たらどうだ」

「踏み潰《つぶ》されるから、それもだめだ」

これ以上は問答無用とばかり、黄龍はまたひとしきり転《ころ》げ回った。さすがの大黒龍も耐え切れず、再び命乞いをした。

「痛くて我慢できない。おれの目をくり抜いて出てきてくれ」

黄龍は大黒龍の片目をこじり取ると、そこから抜け出てきた。

片目になった大黒龍は③江風寺《こうふうじ》の下《しも》にある巨石に穴を開けて、怒江《ヌージャン》のほうへ逃げ去った。その時、大黒龍とともに洱海の水がその穴から流れ出たので、大理盆地が現れたといわれている。その穴はいま天生橋《てんしょうばし》の橋脚の下にある。

この大事件の後、大理の人びとは大黒龍に目の敵《かたき》にされ、怒江を渡る時は決して大理人であることを明かさなくなった。もし言おうものなら、たちまち舟をひっくり返されてし

③現在の大理市下関の西北にある。

まうからだ。そのため大理の人は怒江に行くことを嫌がり、

「もしも怒江渡るなら、女房を嫁にやってから」

という俗言《ぞくげん》さえ生まれた。。


大黒龍を退治した後、黄龍は二度と人間の姿になって岸へ戻ることはなかった。母親が洱海の畔《ほとり》で幾度も息子の名を呼ぶと、黄龍は水に潜ったまま答えた。

「母ちゃん、帰ってくれよ。おいらはもう母ちゃんと一緒に家へ帰れないんだよ」

「帰れないなら、せめて一度お前の顔を見せておくれ」

と、母親は涙ながらに言った。黄龍が顔を水面《みなも》に出すと、それを一目見るなり母親は死んだ。人々はこうして亡くなった母親を痛ましく思い、手厚く葬った。

そして、黄龍に頼まれたとおり、一塊の芝を湖に流した。黄龍は小さな蛇に姿を変え、芝にすがって漂い始め、豊楽亭《ほうらくてい》まで来て止まった。そこで人々はその地に龍王廟《りゅうおうびょう》を建てて黄龍を祀《まつ》り、さらに、④大理三塔のかたわらに母親のために龍母祠《りゅうぼし》を建立《こんりゅう》した。

④崇聖寺三塔。大理古城区の北にある。

柏潔《バイジェ》夫人

今からおよそ千年余り前、洱海《アーハイ》の周辺に「①六詔《リュウザオ》」と呼ばれる六つの国があった。

最も力の強い蒙舎《モンシャ》が、南に位置していることから南詔《ナンザオ》国とも呼ばれた。国王の皮羅閣《ピラガ》は陰険悪辣《いんけんあくらつ》な人柄で知られ、かねてから他の国を併合する野心を抱いていた。

ある日、王は臣下の武将を集めて、五詔を自分の物にする計略を練った。才覚を見せる絶好の機会だとばかりに、次から次へと計略が上奏されたが、武力を以って征服するやら、降参するよう説得するといった策ばかりで、王の意にかなう案は一つもなかった。

実はすでに王の胸中には一つの妙案が隠されていた。

「お前たちの策略も悪くはない。だが、いくさをしたり使者を送れば国力を損なうことになる。わしには戦《たたか》わずして勝つ策がある。兵卒の一人もいらないのだ」

と言うと、掌に大きく「火」と書いた。一同は巧妙な策と口を極めて褒めそやし、王は大いに悦に入り、直ちに命令を下した。

①「詔」は王または首領の意味。「六詔」とは蒙舎、蒙巂、浪穹、越析、鄧賧、施浪の六か国といわれている。

「六月二十四日に蒙舎川の畔で六詔共同で先祖を祀る式典を催す。そのためにまず人夫を集め、期間を定めて松の楼閣を建てよ」

王の一声で決まったことなので、誰一人仕事を怠る者はなく、昼夜を分かたず松明楼の建設に取り組み、予定どおりに完成させた。南詔王は上機嫌で五詔に使者を遣わし、招待状を送った。そして、五詔の王が続々と南詔国にやってきた。

隣国の鄧賧《ダンダン》の王、皮羅鄧《ピラト》は義理堅く実直な人柄ながら気性の激しい人で、奥方の柏潔《バイジエ》夫人は才色兼備の女性として国民から慕われていた。二人は常に寄り添い、仲睦まじい夫婦だった。夫が南詔国へ立つ間際、柏潔夫人は夫を引き止めるように言った。

「愚見かもしれませんが、南詔はかねてから五詔を併合する野心を持っています。この度、突然五詔の王を先祖供養の儀式に招くとは、きっと何か良からぬ魂胆があるに違いありません。『人を害する心有るべからず、人を防ぐ心無かるべからず』、皮羅閣のような悪逆な者は信用できません。今回も慎重を期して行かないほうがよいと思われます」

「話はもっともだが、『[2]国の大事は祭祀と軍事にあり』、一国の主として先祖供養の式典に参加しないわけにはいかない」

「それでも、行かないでください。あの人は何をしでかすか分からないし、万が一……」

②『春秋左氏伝』の一節。

「この度の集会は、五詔の王が揃って参加する。さすがの皮羅閣も変な真似はできないだろう。心配することはないさ」

夫の言い分に負けて、柏潔夫人は自分の腕輪を一つ夫の腕につけて見送った。

六月二十四日、五詔の王が松明楼に集まり、皮羅閣は自ら式典の進行役を務めた。その後、宴を開き、最高の③生食《なまじき》を用意して五王をもてなした。

宴会は深夜まで続き、五人の王が皆酔い潰れた時、皮羅閣は④紙銭《しせん》を燃やすふりをして一人楼閣を下りて、外壁の根元に火をつけた。松の木で建てられた楼閣ゆえに火の回りは早く、あっという間に炎にのみ込まれ、五人の王とその側近は誰一人難を逃れることができなかった。

五王を焼き殺した後、皮羅閣は空念仏を唱えて全国で弔《とむら》いの儀式を盛大に催し、事情説明や遺骨引き取りのために、五詔へ使者を送った。知らせを受けた柏潔夫人は、胸が裂ける思いで部族から勇士を十名集め、夜を徹して蒙舎川に駆けつけた。

松明楼はすでに黒炭と化していた。五王の遺体はまだ焼け跡に埋まったまま、余燼がくすぶる中を夫人は素手で燃え落ちた黒炭の山を掘り返した。両手の指が血まみれになっても痛みを堪えて掘り続けた。その光景に心を打たれ、人々も作業に加わった。そして、黒く焼け焦げた遺体が次々と掘り出された。五国から駆けつけた遺族は、見る影もない遺体を見分けることができず、柏潔夫人は金属の腕輪を手がかりに夫の遺体を見つけた。それ

③ペー族の料理。千切りした新鮮な肉を煮梅干、唐辛子、胡麻などでつくったソースをつけて食べる。

④中国の民間信仰で紙銭を燃やすことであの世にいる親族や先祖様に送金できるとされている。

を耳にした皮羅閣は夫人を愛しくなり、遺族を労《ねぎら》うことにかこつけて、家臣を従えて松明楼に押しかけた。

遺族の泣き声に包まれた焼跡で、皮羅閣は親切ごかしに五国の夫人にお悔やみの言葉をかけて回った。そして、予期していたものの、やはり柏潔夫人の匂い立つような美しさに思わず息をのんだ。

「このような時になんだが、この南詔国の妃になってくれれば、この国九万九千世帯はすべて貴女の民になる。どうか考えてはくれまいか」

敵を目の前にして、柏潔夫人は怒りと憎しみを必死に抑えながら冷ややかに応じた。

「お言葉をありがとうございます。が、夫が亡くなったばかりなのに、再婚とはご先祖様の遺訓に反し恐れ多く、大王様の名に傷をつけかねません。夫の遺骨を国へ帰らせ、葬儀をあげてから、あらためて相談いたしましょう」

その言葉は理にかなっているし世間体もあるので、皮羅閣は渋々ながらもその願いを聞き入れるしかなかった。


柏潔夫人は国に戻り、夫の葬儀を行うと、臣下を集めて対策を講じた。そして、敵の攻撃に備えて糧秣を調達し、兵士を訓練し、城の防備を固め、昼夜を問わず警戒させた。

一方、皮羅閣は、愛しい人が帰ってからというもの、魂を抜かれたように四六時中ぼんやりとしていた。指を折って日を数えるうちに二十一日も経っていたが、夫人は帰ってこなかった。待ち焦がれた皮羅閣は状況を確かめるために、鄧賧へ使者を送った。ところが、使者は面会をきっぱりと断られ、皮羅閣は激怒して大軍を率いて鄧賧へ向かった。

多勢に無勢の柏潔夫人は篭城作戦をとることにした。兵士も庶民も夫人の下に一丸となって防御にあたり、次々と襲ってくる敵の攻撃を撃退した。激しい攻防戦が一か月余も続いた頃、鄧賧は矢も糧秣も尽き、水源を断たれてしまい、もはや戦局を覆すことはできなくなった。

八月八日の夜明け前、城が落ちる間際に柏潔夫人は兵隊を率いて敵中を突破し、洱海の畔に逃げ延びた。そして、身なりを整えた後、最後に祖国の美しい山河を目に焼きつけるかのように見回して、湖に身を投じた。

知らせを受けた漁民たちは悲しみの涙を流しながら、その遺体を引き上げて埋葬した。南詔王は夫人の貞節に感服し、寧北妃《ニンベイフェイ》の名を授け、鄧賧国を徳源城《ダユエンチャン》と改称したという。

七妹《チィメイ》と蛇郎《シャラン》

昔、シミラという女性に七人の美しい娘がいた。

ある日、家の前にある楠《くす》の木に、輝くばかりの鱗《うろこ》をした大蛇《おろち》がからみ付いていた。娘たちは怖くて、厳重に戸締りをして一歩も家を出ようとしなかった。一方、その大蛇は四六時中シミラ家を見張るようにしていた。やむなく、シミラは勇気を奮い起こして、恐るおる尋ねてみた。

「大蛇様、わたしらのような貧乏人を脅して、何の得があるでしょうか」

大蛇は人間の言葉を発して答えた。

「おばさん、お嬢さんの一人を妻にいただきたく、お願いに上がったのですが、承諾してくださるまでずっとここで待っているつもりです」

背に腹は代えられない。シミラはやむなく承諾し、娘たちの気持ちを確かめた。

「どうか大蛇の嫁になってもらえないか。さもないと家族全員のみ込まれてしまう」

長女は青ざめた顔で答えた。

「わたしなんかより、美しい妹のほうが喜ばれるでしょう」

娘たちとの話し合いに決着がつかず、母親はすっかり困ってしまった。姉妹七人にして母親を助けられないとは言語道断！

とその時、ずっと黙っていた[1]七妹が立ち上がり、大蛇について帰って行った。

うっそうとした森が見えてくると、大蛇は、

「ひと休みしよう」

と言い、七妹を待たせて森の奥へ入って行った。

七妹はいくら待っても大蛇が帰ってこないので心配していると、森の中から眉目秀麗な若者が現れ、

「行こうか」

と七妹の手を取るように言った。

「人違いではございませんか。大蛇の妻なので、あなたについて行くわけにはいきません。とっとと去りなさい。のみ込まれますよ」

「ぼくがその大蛇だ。安心してついてくれればよい」

若者はそう言いながら、怪しむ顔をする妻に脇の下を見せた。

そこには、脱皮したばかりの蛇の抜け殻がぶら下がっていた。

「[2]蛇郎よ、早く教えてくれればよかったのに、怖かったわ！」

七妹は今までの心配が吹き飛んだように、声も軽くなった。

二人は幸せな気分に浸りながら旅を続け、蛇郎の家は美しい場所にあった。満開の桃の花が風に舞い散る、水が透きとおった池の畔だった。

① 「七番目の娘」を表す愛称。

② 「郎」は女性が夫を呼ぶ時に使う接尾語。

一年後、二人は男の子を授かり、目に入れても痛くないほどに可愛がった。夫婦はますます仲睦まじく暮らした。そして、その子が三か月を迎えた日、家族三人で楽しく里帰りした。

六人の姉は、かつての不細工で恐ろしい大蛇の変貌ぶりにびっくり仰天した。その上、金持ちであることを聞かされると、やきもちを抱かずにはいられなかった。悔しさのあまり、七妹を殺してとって代わろうと企む者もいた。

ある日、七妹と蛇郎が別れを告げて家に帰ろうとしたところ、下心を隠した六妹《リョウメイ》が妹にしがみつくようにして引き留めた。

「旦那さんを先に帰らせて、もう一晩泊まろうよ、姉妹水入らず一夜語り明かしたい」

翌日、姉たちがわれこそ七妹を家まで送ろうと競い合ったが、真っ先に子どもを背中にくくり付けた六妹がその役を勝ち取った。

二人は前後になって帰路についた。七妹の後を歩いているうちに、六妹は一つの悪巧みを思いつき、背中ですやすやと眠っている甥の脛をきつくつねった。火がついたように子どもが泣き出すと、彼女は七妹に、

「馴染みのお前の帽子が見えないから、泣いているに違いない」

と言った。

七妹はすぐさま帽子を脱いで姉に被らせた。それから、六妹は同じ手口で妹の服一式を騙し取って、自分の身にまとった。

間もなくして、桃の花が咲き乱れる池の畔にたどり着いた。蝶々が桃色の花の間を飛び

交う景色が六妹の嫉妬心をさらに刺激した。彼女は思い切り甥の脛をつねって、前にもまして激しく泣かせた。

心配そうに振り向いた妹に、六妹は最後の切り札を出した。

「桃の花をほしがっているのよ、この子は。一つ折ってきてあげたらどう」

桃の木は池の真上に突き出すように生えていたので、岸から手が届かない。それに花枝を折ろうものなら、池に転落してしまう。七妹はお手上げだとばかりに、首を横に激しく振った。

「大丈夫よ。わたしの肩に立てば、枝の一つぐらい何とかなるよ」

やむなく、七妹は言われるとおりにしてみたら、一つの枝を折ることができた。ところが、彼女が姉の肩から降りようとした瞬間、六妹は体を池の方向へ傾かせ、血を分けた妹を池に突き落としてしまった。妹が泳げないことは承知の上の策略だった。

六妹は妹になりすまし、蛇郎の前に現れた。が、容姿も雰囲気もがらりと変わった妻に、蛇郎は疑いを持たないはずはない。

「わたしは正真正銘あなたの妻です。あばた顔になったのはずっと胡桃《くるみ》の上に寝かされていたからです。そして、胡桃の実をほじくりに来る鼠に傷みつけられて、髪の毛も薄くなったの。あんな家、もう二度と帰りたくないわ」

蛇郎は六妹の言いわけに納得したのか、ともかく六妹は蛇郎の妻としてこの家で暮らすことになった。

月日は早くも七、八年が過ぎ、子どもは家畜の放牧ができる年頃になった。ところが不思議なことに、この子が放牧に行くと、必ず家畜を失くしたり、牛や豚が人の畑を荒らすようになった。蛇郎はそのたびに財物をもって謝りに行ったが、あまりにも頻繁に揉め事を起こすので、

「本当のことを言わないと、これだぞ！」

と砥ぎたての包丁を持ち出して、息子を問い詰めた。

父親の激怒ぶりに圧倒され、子どもは素直に次のことを打ち明けた。

実は、彼が放牧に出かけた最初の日に、一羽の鳥が飛んで来て、歌を唱ってくれた。

チュンチュンチュン
チュンチュンチュン
母なき子よ
なぜ泣かず

子どもがその悲しい歌声に涙すると、どこからともなくたくさんの鳥が飛んで来て、さまざまな芸を見せて遊んでくれた。それからというもの、それは毎日のようになり、放牧の楽しみとなって、家畜の世話がおろそかになってしまった。

翌日、蛇郎は自らの目で確かめようと、息子について鳥探しに出かけた。が、二日も三日も池の畔で一日中待っていても、鳥の歌声どころか鳥の影一つ見えなかった。

「つくり話で親を騙すのか！」

蛇郎は息子に握り拳を振り上げた。

とっさのことで、息子が「小鳥さん、助けて！」と大声で叫ぶと、一羽の美しい鳥が池から舞い上がり、梢に止まって唱い出した。

チュンチュンチュン
チュンチュンチュン
蛇郎さんよ
妻知らずして
子に辛く当たるか

不思議に思った蛇郎が言った。

「君が我が家の精霊なら、我が家の作物干場《ほしば》に飛んで行って、ほしいだけ食べなさい。さもなければ、二度と息子にかかわらないでくれ、放牧の邪魔をしないでくれ」

夕陽が西の空を茜《あかね》色に染める頃、父子が家畜の群れを追って帰宅すると、鳥はとっくに庭の稲束にとまって実をついばんでいた。

それからというもの、鳥は一日も欠かさず蛇郎家に通ってくるようになった。蛇郎も大変気に入っているらしく、わざわざ素敵な籠を編んで玄関にかけてやった。蛇郎家は鳥の歌声や息子の笑い声で賑わった。

しかし、なぜか六妹は玄関を出入りするたびに鳥の糞を撒き散らされ、とうとう堪忍袋の緒が切れて、蛇郎をそそのかして鳥を殺させてしまった。ところが、何かを暗示するかのように、それと同じ時刻に彼女は庭に一つの鋏《はさみ》が落ちているのを見つけ、密かにそれを衣装箪笥に隠した。

しばらくすると、おかしなことが起きた。箪笥にある六妹の服だけが千々に切られていたのである。後ろ暗いところがある六妹は鋏を家の外に捨てた。ところが、世話好きなお隣さんがそれを見つけて届けてくれた。仕方なくそれを台所の水瓶の後に隠した。

それでも、また奇妙なことが起きた。

息子が台所にこもりがちになったのである。怪しんだ蛇郎が息子の様子を覗いてみると、なんと水瓶の後から七妹そっくりの女が姿を現し、息子と仲良く話をしているではないか！

蛇郎は慌ててその女性の手をつかんで聞いた。

「七妹だろう？　わたしはなんという愚か者だ！」

とその時、六妹が罵《ののし》りながら入ってきた。

「どこのおばさんか知らないけど、よくもうちの主人をたぶらしてくれたわね」

「妹を殺してその家族を乗っ取ったのは誰なの！」

と、七妹が言い返した。

ここぞとばかりに蛇郎は意を決して、三日間かけて磨き上げた刀の刃を上向きにして敷居にしばり付けて、二人にそれを飛び越えさせた。

真心を持つ七妹は軽やかに飛び越えて、夫と息子のそばに立った。疑心暗鬼の六妹はあれこれと迷った末に、手足をぶるぶると振るわせながら試練に挑んだが、鋭い刃に落ちて体が真っ二つに切れて死んだそうだ。

ラフ族の民話

猿《さる》嫁《よめ》

大昔、大地を覆い尽くす洪水が収まった後、田畑も作物も何一つ残らず流されてしまい、人間は二人の兄弟のほかは皆死んでしまった。親や姉妹を一度に亡くした二人は山奥に落ち着き、山菜や野生の果実を食べて暮らしていた。暮らし向きの良し悪しにかかわらず子どもは大きくなるもので、二人は成長して結婚する年頃になった。しかし、女性どころか、人間は二人以外に誰もいないので、結婚は絶望的であった。

二人はいろいろと相談した結果、一つの策に思い至った。川沿いに結婚できる女性をさがしに行くことだった。二人は結婚相手が見つかるまで絶対に家に帰らないと誓い合って、一人は上流へ上り一人は下流へ下って、嫁さがしの旅に出た。

弟に比べて力も度胸も勝る兄は上流へ、弟は下流へと向かった。二人は昼も夜もひたすら歩きに歩いた。空腹になれば山菜や山谷の水で腹を満たし、疲れたら川の近くにある洞窟や樹洞で眠った。

こうして歩き続け、何か月も何年も経ったある日、兄が川の土手を歩いていると、目の前に玉蜀黍《トウモロコシ》の畑が広がっていた。畑があるということは人間の誰かが近くに住んでいるということだ！　兄は飛び上らんばかりに喜んだ。早速、畑の主人をさがしに畑に入ってみた。ところが、畑の隅々を三度回ってみても、人影は見えなかった。

もしや畑の主は遠く離れた家に帰っているかもしれない。兄は畑の横に小屋をつくって泊まり、実り始めた玉蜀黍の畑を見守りながら、主人が来るのを待つことにした。しかし、いくら待っても人間の姿は現れなかった。その代りに、ある時から一匹の雌の猿が現れては、畑を一回りして山奥へ姿を消した。

ある朝、兄は何か温かいものを感じて目が覚めた。思わず隣を触ってみるとわずかな温もりを感じた。とその時、先日見かけた雌猿が小屋の前をかすめて消えた。不思議なことに、その日から、雌猿は毎晩小屋に泊まりに来るようになった。雌猿は兄を引っ掻いたり、噛んだりするどころか、とても優しかった。実はこの畑もこの猿がつくったものだった。そして、兄はこの雌猿を嫁にした。

兄は嫁ができたことを早速下流の弟に伝えようと、猿嫁と一緒に①緑珊瑚の木の葉っぱを摘み取って川に流した。そして、川辺で玉蜀黍のご飯を炊いて、その香りを川の流れと

①「やもめ」という意味の別称がある。ここでは独身兄弟のことを暗示している。

ともに下流へ漂わせた。

一方、同じぐらい下流を歩いていた弟は、女性どころか生き物の姿すら見かけなかったので、絶望のあまり川辺で倒れていた。玉蜀黍ご飯の香りで目覚めると、上流から緑珊瑚の葉っぱが流れてきた。それは兄が嫁を見つけたことの知らせであった。弟は嬉しくて元気になった。

弟は踵《きびす》を返して上流のほうへ向かった。

ようやく玉蜀黍の畑で小屋を見つけた。

中に入ってみると、一匹の雌猿が寝台に横たわっていた。弟が薪の棒を拾い上げて、雌猿に殴りかかろうとした時、兄が慌てて弟を止めて言った。

「やめろ。彼女はお前の②ミマだ。ほら、彼女はもう身籠っているよ」

この兄が雌猿と結婚したからこそ、人間の繁栄が生まれたのだそうだ。

②ラフ族の言葉で「兄嫁」を意味する。

ラフ族の起源神話

まだ地上に人間がいない頃、①エシャが天と地を司る神様であった。

エシャはとてつもなく巨大な体を持ち、天を布団に地を寝床にして眠っていた。寝るのが一番の楽しみで、眠ったが最後、五百年経たなければ目を覚まさなかった。ようやく目覚めたかと思いきや、背伸びをしたり、寝返りを打ったり、二、三度瞬《まばた》いては再び眠りにつくのだった。しかも、エシャの寝返りで大地はぐらぐらと揺れ、瞬くたびに雷が鳴り響き、稲妻が走った。

ある日、長い眠りから目覚めたエシャは、これまでとは違って、寝床から立ち上がると、長い長い背伸びをした。すると、天と地の間が限りなく広がり始め、二度と縮めることが出来なくなった。遠ざかる大地を引き戻そうと、エシャは渾身の力を振り絞って大地を鷲づかみにして引っ張ったところ、そこに無数の皺《しわ》をつけただけで無駄な苦労に終わった。それらの皺が高い山と川になり、エシャの汗が沼や湖、渓流となった。エシャはどうしたらよいのか分からなくなり、天と地の間を行きつ戻りつして考えていたら、足踏みをしたところが平野や盆地となった。

①ラフ族も神話で「創世の女神」とされている。

エシャは天と地が離れてしまったことにいたく寂しさを覚え、眠られなくなった。そこで、体に固まった汗の玉をこすり集めて大地に撒き散らし、木や草花、動物を誕生させた。大勢に囲まれて暮らすうち、エシャは徐々に心が和んだ。

こうして、うっそうと茂る森、すがすがしい空気、鳥のさえずりと花の香りに包まれて暮らすこと数千年、エシャは少しばかり物足りなさを感じるようになった。鳥や獣の弱肉強食の修羅場を目の当たりにするのも面白くないし、何より言葉を交わす相手がいなかったからである。そこで、エシャは髪の毛を抜き取り、それに呪文をかけた。すると、高い山に一本の瓢箪《ひょうたん》の木が生えた。

それから二百年後、瓢箪の蔓《つる》に一つの白い花が咲いた。エシャは心の精を育もうと、その花の雄しべと雌しべに二滴の涙をたらした。いつになったら自分の願いがかなうのかと思いながら、エシャはまた眠りについた。そして花が枯れ、緑色に光る小さな瓢箪の実がついた。三百年後、大きく成長した実はあちこちと動き、中からかすかに音がするようになった。これが人類の始まりであることを知るものはいなかった。

大きくなった瓢箪は男女一組の人間を孕《はら》んでいた。

狭い瓢箪の中で息が詰まりそうだと言って、二人はエシャに、

「ご主人様、早く出してください、死んでしまいそう」

と毎日のように懇願したが、エシャはぐっすりと眠ったままであった。瓢箪は刻一刻と成長し、蔓も萎《しお》れた。実が熟せば蔕《へた》が切れて落ちてしまい、二人は瓢箪もろとも崖の下に転

落として粉々に砕けて死んでしまう。じわじわと迫る危機に怯えながら、二人は奇跡が起こるのを待つしかなかった。

ある日、男の子が脱出する方法を思いついた。ほかの動物に助けを求めようというのである。二人でいろいろと相談した結果、凶暴な豹《ひょう》や虎《とら》よりも鳥に頼むことにした。そして、二人は声を限りに鳥を呼んだ。一群れの鳥が飛んできて、三日の間昼夜休まず瓢箪の皮をついばみ続けたが、表面に点々と浅い傷を残しただけで、瓢箪を割ることはできなかった。鳥たちは諦めて飛び去った。

二人は慌てて鼠《ねずみ》に助けを求めた。食べ物に強欲な鼠は二人の足元をみて、一生分の食糧を提供してくれればという条件を突きつけてきたが、切羽詰まった二人は目の前の危機を乗り切るために、二つ返事でその条件をのんだ。鼠たちは持ち前の鋭い歯で瓢箪に噛み付いた。さすがに賢い鼠だけに、瓢箪の腰あたりを集中して攻めたので、ほどなくして、そこに大きな溝が掘りこまれ、数時間後、瓢箪は腰から上下に切断され、二人は見事に瓢箪から抜け出した。

十数年後、二人は美男と美女に成長し、自ら兄妹と名乗って互いに助け合い、強い絆が生まれた。兄妹二人はその日の食にありつくのが精いっぱいだったが、鼠との約束を果たさなければならないので、生活は苦しかった。

そして、五百年熟睡中のエシャが目覚めると、鼠はエシャの大きな耳たぶによじ登り、自分の手柄をしきりに語った。はからずも鼠が自分の宿願成就のために一助を担ってくれた。エシャは鼠の功労と恩徳は計り知れないものがあるとして、人間は代々その恩を返さなければならないと命じた。そのため、エシャは手当たり次第に土を一握りすくい上げると、それをさまざまな種類の食べ物の種に変え、兄妹二人に植えさせた。エシャのひいきを得た鼠は、十分すぎるほどの食糧を保障されたので、その数がむやみやたらに増え、何をはばかることなく食糧を無駄にして大きな災いとなった。

瓢箪から人間をつくるのに長い時間がかかるので、エシャは兄をロバ、妹をロミと名付けて二人を結婚させ、子孫を産ませることにした。二人は顔を赤らめながら頷いた。ところが、いくら待っても、それらしい気配がない。どうやら二人はまだ子孫をつくる術を知らないようだ！　エシャはその心得を教えるために、二人に一組の石臼と雄雌二頭の②犬を授けた。しかし、それはエシャのとんだ勘違いだった。子どもができないのは二人はまだ兄弟で恥ずかしかったからだ。そこで、エシャは一年の内に結婚するように厳しく命じた。

切羽詰まった二人は仕方なく逃げることにした。ロバは太陽の上に、ロミは月の中に身を隠した。だがなんと、それはエシャの右目と左目だった。エシャが目をぐるぐると回して二人を追い出した。逃げ場がなくなった二人はおとなしく家に帰った。

地上で寄り添って暮らすこと十五年、ロバとロミの間にはかたい兄妹の絆が残っていた。それを忘れて夫婦の感情を芽生えさせるのは至難の業である。さすがのエシャもお手上げだった。

三年が経ったある時、エシャはついにとっておきの解決法を見つけた。惚れ込みの花、

②ラフ族が犬の肉を食べる所以でもあるという。

欲情草、寄添い木、そして、べたつき虫を見つけたのだった。

惚れ込みの花は、森の奥で秋に淡い桃色の花を咲かせ冬に萎《しお》れる。分かりにくい密林にあって、なおかつ目立たない花にもかかわらず、樹蜂《きばち》と揚羽蝶《あげはちょう》が群がってきては、花が散るまで踊り続け、ほかの花には見向きもしない。

欲情草は崖の絶壁に生え、春に芽生え百日で枯れてしまう草だが、この草を食べると雌山羊《やぎ》は欲情し、雄山羊はやたらと元気になり、繁殖力が倍増した。

寄添いの木は夏になると赤くてハート型の実をつける。苦みを帯びた甘いその実を食べた鳥たちは皆、相思相愛になった。

べたつき虫は三〇日の寿命しかないが、雌と雄がいつまでもくっついて離れることのない虫だった。

エシャはこの四種類を一つの薬に混ぜ合わせて、兄妹の飲み水に入れた。すると、二人は兄妹の感情を忘れ、昼はともに働き、夜は寝床をともにする夫婦となった。その処方はロバとロミに受け継がれ、いまに至っているという。

巨人のジャヌジャビ

はるか昔、ジャヌジャビという巨人がいた。山のように大きな身体をしていて、一食に数石《こく》の米を平らげた。その分、とてつもない怪力の持ち主で、力仕事にかけては彼の右に出る者は一人もなかった。それでいて、優しい人柄と義理堅さを兼ね備えていたので、まわりから尊敬されていた。その頃、天はひっくり返した鍋のように大地の上を低く覆っていた。大きな身体のジャヌジャビが、米を脱穀しようと杵《きね》を振り上げると、天を高く突き上げたという。

ある時、エシャという神様が人間にこう命じた。

「人間も森羅万物もわしがつくったものだ。お前たちにはわしに食べ物を納める義理がある。従わない者には罰を下す」

人々は恐れ入りながら、質の良いものを選んで上納した。ところがジャヌジャビはその命令にとても不満を抱いていた。人間はただでさえ食糧不足で飢え死にしそうなのに、これ以上食糧を取り上げられては困るからだ。彼は皆に呼び掛けた。

「食糧はみんなが汗水たらしてつくったものです。農作業を何一つ手伝ってくれなかった者に貢ぐ筋合いはありません」

ジャヌジャビの主張に感銘を受けた人々は、エシャのことが怖くても、食べ物を貢ぐことをやめた。そのかわりに、新米を炊くと最初の一杯目は親に捧げ、年越しにつく餅の一つき目は鋤《すき》や鍬《くわ》に供《そな》えるようになった。

「お前たちをつくったのはこのわしなんだ、もう忘れたのか！」

エシャはかんかんになって怒って、ジャヌジャビと人間を焼き殺してやろうと、天上に九つの太陽を昇らせた。人は暑さに耐え切れずに次々と死んでいた。ジャヌジャビは筍《たけのこ》の皮を剥《は》いで大きな笠をつくり酷暑を生き抜いた。

効果がなかったので、エシャはもう一計を講じた。太陽と月、星をことごとく隠したのである。いきなり暗闇のどん底に突き落とされた人間も動物も植物も、次々に死んでいった。ジャヌジャビは蜜蝋《みつろう》でつくった松明《たいまつ》を牛の角に縛り付けて、なんとか畑仕事を続けた。そのため、真っ白だった牛の体は黒く煤《すす》け、角は凸凹になったという。

策略は水の泡となり、エシャはさらなる悪知恵を絞り出した。天の川の水を流して大地を海原にしてしまった。山に住む人たちは助かったが、平地で暮らす人々はほとんど難を逃れなかった。ジャヌジャビといえども今度こそは逃げられないだろう、とエシャが高をくくっていたら、ジャブジャビが丸木をつないでつくった筏《いかだ》に乗って姿を現した。それから人間が舟をつくれるようになったという。

エシャは重なる失敗にも懲りず、太陽、月、星を天にもどすと機転をきかせて別の計略を仕掛けてきた。かけっこ、高跳《と》び、隠れんぼで勝負し、負けたほうが勝ったほうに従うということであった。かけっこする時、エシャは虫に変身してジャヌジャビの足首に飛びつき、決勝点の直前でジャヌジャビより一歩先に跳び込んで勝った。高跳びの時は、エシャは虫の姿でジャヌジャビの肩に飛び乗り勝った。隠れんぼの時は、一粒の塵《ちり》に変身してジャヌジャビの目尻に身を隠してジャヌジャビを負かした。

三つの試合で負けたジャヌジャビは魔法を使ったことを理由に、エシャの勝ちを認めず、約束を果たそうとしなかった。その上、彼はエシャの報復に備えて、みんなにあちこちで弓を構えさせた。

そこで、エシャは最後の切り札を投げた。角《つの》に毒薬を塗った大きな黄金虫《こがねむし》に変身して、ジャヌジャビの家に飛んできて、「キューキューキュー」と鳴き叫んだのである。その鳴き声で眠られなくなったジャヌジャビは、それを払い落として踏みつけた。すると、足の裏に鋭い角《つの》が突き刺さり、毒が回ってひどく腫れ上がってきた。

どんな方法を試しても、いっこうに治らないので、神様のエシャに助けを求めるほかなかった。エシャは小刀で毒のついた角をほじくり出して、ひどく化膿《かのう》した傷口に蠅《はえ》の卵を押し込んで包んだうえ、七日間待つように念を押した。

ジャヌジャビは素直に傷が癒えるのを待つことにした。ところが、七日経って、傷口を開けてみると、おびただしい数の蛆《うじ》がうようよとうごめいていて、足の裏は腐り果てていた。間もなくして、毒が心臓に回り、ジャヌジャビは命を落としてしまった。

ジャヌジャビを埋葬するためにすべての動物が駆り出され、野獣や鳥が集まってきた。①ビルマ鳥がジャヌジャビの足に止って泣き崩れたので、尻尾《しっぽ》にジャヌジャビの血がついて、赤い斑紋ができた。ペングリ鳥はジャヌジャビの頭で泣いたので、赤いとさかが生えた。それはジャヌジャビの帽子をもらったからだ。ジャヌジャビの顔の前で泣いた蟬《せみ》はジャヌジャビの無念を悲しみ、死んでも目を閉じることができなくなった。

ジャヌジャビの霊が祟《たた》らないかと疑心暗鬼になったエシャは、動物たちにジャヌジャビの体をばらばらにするよう命じた。肉は切り分けてあちこちに埋めたが、骨はとても手間がかかった。

まず三年かけて骨を臼で粉々《こなごな》に砕《くだ》いた。それから鍛冶屋《かじや》に鉄の大砲をつくらせ、灰を遠くへうち散らした。そして、山に撒かれたものが二度と地上に近づかないように、棘《とげ》だらけの刺草《いらくさ》に変えた。平地に撒かれたものは家づくりに使える竹や木に変えた。空へ向かって撒かれたものは虫や蟻《あり》に変えた。その中に飛ぶことができる蟻があり、エシャと戦い抜こうと天に届かんばかりの土の山を盛り上げた。その蟻たちはわずかばかりの豚油を食べては、群れをなして次から次へと天へ突き進んでいった。

人間の幸せのために神と戦って死んだジャヌジャビは、ラフ族の英雄として今も慕《した》われている。蟬やビルマ鳥の鳴き声が聞こえると、ラフ族の人びとはジャヌジャビを思い起こすそうだ。

①ビルマ鳥もペングリ鳥も雄雌一組の夫婦鳥と言われ、どちらもキツツキのこと。ビルマ鳥は「アウ、アウ」と鳴くことから「傷心鳥」とも呼ばれる。

リス族の民話

リス族の起源神話

大昔、人間が天神様の怒りに触れるという大それたことをしてしまい、とても厳しいお仕置きを受けることになった。

かんかんに怒った天神様は、一人の南瓜《かぼちゃ》づくりにだけお告げを下された。

「今から南瓜などつくらなくてよい。この瓢箪《ひょうたん》の種を撒いて実るのを待ちなさい」

その人がお告げのとおりにすると、瓢箪は日に日に育ち、天下一大きな瓢箪となった。

ある日、突然黒雲が沸き立ち、空を覆い尽くしたかと思うと、天の底が抜けたかと思うほどの大豪雨が降りそそぎ、あっという間に地上のありとあらゆるものをのみ込んでしまった。南瓜づくりは瓢箪に穴を開け、妹を連れて二人で中に入り、大洪水を逃れることにした。

二人を乗せた瓢箪は波に任せて果てしない洪水の中をどんぶらどんぶらと、あてもなく漂った。どのぐらい経ったか分からないが、瓢箪が何かに支えられて止まった。瓢箪から出てみると、洪水は引き、陸地が見えたが、彼らを除いてすべての人間が消え去っていた。

命は助かったものの、どう生きていったらよいものか。絶望のどん底に突き落とされた二人は、ほかに生きている人がいないか、あちらこちらを探してみたが、誰一人見つからなかった。迷いに迷った末に、兄弟で結婚するしかないという苦渋の結論に至った。

が、さすがにそれには大きな抵抗感を覚えた。

「命を助けてくださった天神様にお告げを賜りましょう」

と、二人は大きな挽き臼を二つ持って山頂に登った。一つは真ん中に丸い穴が開けてあり、もう一つには長い軸がついていた。軸がうまく穴に挟まって一つになれば、結婚が許されるというお告げだ。

彼らは一枚ずつ挽き臼を山頂から投げ出した。すると、二枚の臼石が見事に一つにつながって麓へ転がり落ちた。そこで、榕樹《がじゅまる》の木の下で式を挙げて結ばれた。しばらくすると、二人の間に数人の子どもが生まれ、大きくなるとそれぞれ暮らす土地を決めて、さまざまな人間の祖先になった。

その中に、とても仲の良い兄弟がいて、一緒に住む土地を探していた。彼らは猟師で弓を使う人間の祖先になるのだが、ある時、弟は兄が妻としているとは知らずに、一匹の猿を殺してしまった。後に、弟は甘いものを餌に使って猿たちを誘い寄せて一匹捕らえた。兄はとても喜んで、その猿を妻にした。弟は激怒して、それをまた射り殺してしまい、怒り狂った兄に追い出された。弟がやるせない思いであてもなくさまよっていると、天神様が声をかけた。

「二人の娘をあげるから、あなたがた二人の妻にすればいい」

一人は器量の優れた子で、一人は平凡な顔の子だった。弟は美しい娘の顔に泥を塗り、二人を兄の前に連れて行って言った。

「おれが見つけた娘だ、先に好きなのを選んでいい」

兄はありがたく顔立ちの平凡なほうを選んだ。しかし、泥を洗い落とした娘の顔を見ると、胸が張り裂けそうになり、憤慨やるかたなく弟を大きな洞窟に突き落とし、二人の娘をひとり占めにした。

弟が深い暗闇の中を下へ下へとくだって行くと、地下の世にたどり着いた。地上と同じように、この地下の世にも天もあれば木もあった。虎が多いのが少し気がかりで、彼は木の幹をへし折って、手当たり次第にたくさんの虎を叩き殺した。

その一部始終を目の当たりにした土竜《もぐら》が声をかけた。

「虎も殺せるぐらいだからただものではない。仙人に違いない。その仙人がどうして悲

しむのか

「わたしは地上界から追い出されてきたのだ」

土竜はその境遇を不憫《ふびん》に思い、地上へ戻れるように協力することにした。どうするかというと、男を背中に乗せ、九本の尻尾の一つをしっかりつかませて、一気に地上まで送り出すということだった。

「ただし、地上に戻るまで絶対に笑ってはいけない、約束してほしい」

と、出発間際に土竜は何度も釘をさした。

しかし、地上が近づくにつれて、弟は嬉しさのあまり思わず吹き出してしまった。するると、手につかんだ土竜の尻尾がとれて、その背中から転落しそうになり、とっさに別の尻尾をつかんで体を安定させた。それでも、笑いを抑えることができず、九回も約束を破り、土竜の九本の尻尾すべてを犠牲にしてしまった。

つかむものがなくなり、二度と地上に戻れないかもしれないと恐怖にかられたが、最後に尻尾の生え際に少し突き出た尾骨にしがみつき、弟は必死に笑いを押し殺して、無事に地上に戻った。

おでこっ子

大昔、ある辺鄙な山村に老夫婦が住んでいた。仲睦まじく幸せな日々を送っていたが、子どもがいないことだけがただ一つの心残りだった。

ある日の夜、お婆さんは意識が朦朧とする中、一人の巨人が現れ、大きな足でお婆さんの額を踏みつけ、にっこり微笑んで立ち去った。

翌日、額がずきずきするので触ってみると、大きな血豆のようなものができていた。その血豆は見るみるうちに膨らみ、西瓜《すいか》ほどの大きさになったかと思うと、ぱかっと割れて中から長方形の顔に剣のような眉をした男の子が飛び出した。それは足が地につくと、背丈がたちまち三歳児の高さに伸び、老夫婦を「お父さん、お母さん」と連呼した。子どもがなくて寂しかった老夫婦にはこの上もない幸せだった。額から生まれたことに因んで、「おでこっ子」と名付けた。

おでこっ子は凄まじい速さで背丈が伸び、六日間で大人並みの身長になった。その分、食べる量は人並みをはるかに超え、一日目に一釜の飯を食べ、二日目には三倍になり、ついには一日一俵の米を平らげるようになり、老夫婦はすっかり困ってしまった。

ある日、おでこっ子は
「父さん、母さん、育ててくれて、ありがとう。これ以上養ってもらうわけにはいかないので、山で食べ物を探す。親孝行はその後だ」
と言って山へ行った。

おでこっ子は洞窟を棲み家にして、木の葉や獣の肉、湧水で暮らした。

何年も経ったある朝、おでこっ子は苔に滴《したた》る雫《しずく》が柔らかい太陽の光にきらきらと輝く光景に見惚れていると、突然冷たい風とともに黒い影が目の前をよぎった。とっさのことで、おでこっ子は手当たり次第に薪用に拾ってきた大木を抜き出し、黒影目がけて投げつけた。黒影の正体は大きな鷹だった。怪我をした鷹はつかんでいたものを放り出して逃げた。それは一人の男児と一人の女児だった。彼はその子たちを洞窟の中で育てることにした。

それからは、子育てに必要な食べ物を手に入れることがおでこっ子の日課となった。その甲斐があって、二人の子どもはまるまると肥った。ところが、しばらくすると、食べる量は減っていないのに、見るみるうちにげっそりとやつれてしまった。そのわけを子どもに聞いても、むっつりと黙り込むばかりだった。やむなく自分でその真相を突き止めることにした。

翌日、おでこっ子は二人の子どもを洞窟の一番奥に隠し、出かけるふりをして別の入り口から洞窟に忍び込んで待ち伏せした。すると、しばらくして一人の老婆がやってきた。

老婆は中のようすを確かめてから、素早く子どもに近づき麦藁の幹を出して、子どもの首から血を吸い取ろうとした。

「おまえ、何をする！」

老婆はおでこっ子の怒声に一瞬ぽかんとしたが、すぐに落ち着きを取り戻して言った。

「なるほど、お前か。互いに仲良くしようよ。さっさと子どもをよこせ。わしはあの間抜けな鷹と違って、簡単に引き下がりはしないぞ」

「子どもを引き渡してもいいさ。ただし条件がある。武芸で勝負だ。おれに勝ったらな」と言いながらも、おでこっ子は子どもを渡すつもりなど、はなからなかった。

「わしに楯突くとはいい度胸だ！　わしに勝てる奴などいるはずはない」と内心で自惚れる老婆はその勝負を受けてたった。そして、二人は勝負の方法を話し合い、おのおの準備にとりかかった。

勝負は、互いに縄を持ち寄り、それぞれに相手が用意した縄で身体を縛り、その縄を身体の力で断ち切る、というものだった。そして、負けた者には燃えかけの木切れを口に突っ込み、斧で切り殺すという残酷な罰がまっていた。

おでこっ子はさっそく実家へ戻り、玉蜀黍《トウモロコシ》の酒と斧を持ってきた。そして、二人の子どもに縄を編むように命じた。

間もなく、鬼婆は金や銀でつくった鎖を三本持ってきた。

老婆が洞窟に入ってくると、おでこっ子は縄を編む手をとめ、用意した酒壺を出した。

「いよいよ対決だ。こうやって会うのは最後かもしれない。こんな時こそ杯をあげようじゃないか」

と言いながら、酒を満たした杯を老婆に手渡した。老婆はよほどの酒好きとみえ、生きるか死ぬかの大勝負を控えているのにもかかわらず、一気にのみ干した。しかも、二杯目も三杯目も。あっという間に酒壺の半分がなくなった。これでは酒好きの老婆も酔い潰れるわけである。老婆が寝ているうちに、おでこっ子は、編みかけの縄を仕上げ、老婆を起こして、勝負を始めた。老婆は、

「年上のわしから縛らせろ」

と勝手にルールを決めた。酔いながらも頭は冴えているようで、おでこっ子は二つ返事で承諾した。老婆は覚束《おぼつか》ない足どりで一本の縄を取り出すと、おでこっ子をがんじがらめに縛った。

「もう動けねぇだろう」

へっへっとせせら笑った。

「そいつはどうかなあ」

おでこっ子の言葉が終わるか終らないうちに縄が千切れた。驚いた老婆は、今度は残り二本の縄を一緒に使って縛ったが、それもひとたまりもなく断ち切られてしまった。

「さてと、今度はおれの番だ」

おでこっ子は自信満々の顔で言った。

「藁縄なんか赤子の手をひねるようなもんだ。さっさとかかってこい」

と老婆は得意げに言いながら、内心では引き分けを願っていた。

おでこっ子は縄をくるくると巻き付け、きつく老婆を縛った。

「大きな口を叩いておいて、どうだ、切れるもんならやってみな」

老婆は渾身の力を振り絞ってぐっと力んだが、縄はびくともしなかった。懲りずにもう一回！　今度は切れるどころか、体に食い込むようにきつく引き締まり気絶しそうになった。老婆は「たかが藁縄、これほど頑丈なはずはない。変な呪文でもかけられていたらまずい」と考え直し、観念したふりをして命乞いをした。

この妖怪を殺す絶好の機会を逃してなるものか、とおでこっ子は囲炉裏《いろり》からめらめらと燃える木切れを取り上げ、老婆の口に突っ込んで、さらに斧で木切れの片端を打ち叩いた。老婆は獣のように喚いた。そうして、おでこっ子は老婆を洞窟の前の大きな胡桃《くるみ》の木に縛り付けたのだが、ちょっと油断した隙に、木を根こそぎ抜き倒して逃げられてしまった。

おでこっ子は足跡をたどって行き、暗い洞窟の中でもがいている妖怪を見つけ止《とど》めを刺した。そして老婆の体を縛っていた縄を外して、大事に実家に持ち帰った。実は、この縄こそ、妖怪が宝物にしていた金・銀の鎖だったのだ。老婆が酒に酔って眠り込んでいる間に、おでこっ子はそれを藁縄とすり替えていたのだった。

おでこっ子は金・銀の鎖を壊して村の人々に分け与え、二人の子どもを親元に送り届けた後、実家に戻って親孝行に努め、両親の最期を看取ると村を立ち去った。その行方は誰も分からないという。

山の神と①毛桑《けぐわ》

遠い昔、ヨノ山に一人の②ニパが住んでいた。彼は山や水を見通す目を持ち、瞬き一つせずに天神や森羅万象に目を光らせていた。そのお蔭で、欲しいままに悪戯《いたずら》ができなくなった天神は、ニパを目の敵《かたき》にし、亡き者にしようとした。

まず虎が差し向けられた。すべてお見通しのニパは、大きな石斧を構えて虎を待ち伏せた。虎は、その凄まじい威勢に圧倒され、体を震わせながら言った。

「お、お助けください。実はニパ様の召使いを務めさせていただくために、参上したのでございます」

ニパはその話を信じたかのように、虎に鼻輪をつけ、呪文をかけた。すると、虎は天上への帰り道を忘れ、おとなしくニパの召使いになり、開墾や運搬の野良仕事をこなした。

肩透かしをくわされた天神は、今度は③蛟龍《みずち》を送り込んだ。ニパは、やつが攻めてこようものなら一発くらわらせてやる、と弓に矢をつがえて待ち構えていた。蛟龍はその勢いにすっかり腰を抜かして言った。

「助けてください。実はニパ様の召使いとして働きたいと上がったのでございます」

①和名はカラケグワといい、雲南省に自生する桑。中国では「岩桑」ともいう。

②リス族の言葉で、神に仕えて吉凶を占う男性を指す。

③蛇のように長い胴体に角と四本の足を持つ想像上の動物。水中に棲み、毒気を吐いて人を害すると怖れられた。

ニパは何も言わずにその鰓《えら》に縄を結び、呪文をかけた。すると、蛟龍は天上への帰り道が分からなくなり、ニパの元に留まって灌漑《かんがい》や植樹の仕事をまかされた。

天神は二連敗を喫して怒り心頭に発し、熊、豹《ひょう》、兎、鹿、雉《きじ》、④斑鳩《いかる》、雁《かり》、蛇、蝶《ちょう》、蜂、蜘蛛《くも》、亀《かめ》、魚、蝦《えび》……、ありとあらゆる動物を次々に繰り出したが、それもことごとくニパの呪術にかかって降伏させられてしまった。追い詰められた天神は最後の切り札として、娘の⑤ムツァンゴを送り出した。

ムツァンゴは一張の弓と⑥箙《えびら》にいっぱいの神矢を持っていた。弓矢にかけては天上でも地上でもその右に出る者はいなかった。

④アトリ科の鳥。体長二〇センチほどで、胴体は灰色、頭と風切り羽、尾羽は紺色。
⑤リス族の言葉で「太陽」を指す。
⑥矢を入れて持ち運ぶ道具。

ムツァンゴがヨノ山の上空まで来た時、ニパは子孫たちを率いて、『⑦デトムグァ』を口ずさみながら、虎と蛟龍を使って田畑つくりに励んでいた。ムツァンゴは急いで矢をつがえ弓を引き絞り、矢を放とうとした瞬間、突然歌声が止んだ。ニパたちは農作業を止め、大きな木の下に集まっていた。いったい何を始めるのか、ムツァンゴは雲に身を隠し、しばらく様子を見ることにした。

当時、地上の人間は男も女も大きな乳房を持っていた。子孫たちが木の下に坐ると、ニパは木の葉を丸めて器《うつわ》をつくった。それから、自分の乳を搾り出して器を満たし、子孫たちにふる舞った。虎と蛟龍にも一杯ずつ分け与えた。一方、自分は一滴たりとものもうとせず、身近の草をむしり取って腹ごしらえをした。乳をのんだ者は見るみるうちに大きく

⑦リス族の労働歌。「ムグァ」は歌と舞いの意味。

なったが、ニパは痩せ細り小さくなった。

その一部始終を目にしたムツァンゴは、ニパの優しさに心を動かされ、手を下すには忍びなくなった。ところが、ムツァンゴが茫然としている隙をついて、天神がムツァンゴの構えていた弓の隠し引き金を引いた。天神は娘を信用できずに、後をつけてきていたのである。

ニパは、薮から棒に飛んできた矢に身体を射抜かれ、あっけなく命を落としてしまった。子孫たちはニパの亡骸《なきがら》をその地に埋めた。

ムツァンゴは後悔の念に苛《さいな》まれ、天神の目を盗んではニパの墓参りに来てくれた。顔を見られては困るので、その度にムツァンゴは子孫たちが目をつぶるように金の剣を振り回して眩しい光を放った。おかげで、天上しか照らさない太陽の光が地上にも射し込み、明るく暖かくなった。そして、ムツァンゴが天神によって閉じ込められて悲しみの涙を流すと、地上は決まって曇り、雨が降るようになった。

ムツァンゴはニパの墓に涙を落とした。その涙はじんわりとニパの心に染み込んだ。すると、その心は大きな毛桑《けぐわ》の木に変わり、天を覆い隠すほどに鬱蒼《うっそう》とした大木に成長し、ついに天と地を引き離してしまった。こうして、天上と地上をつなぐ通路が断たれ、天神は地上で悪戯をはたらくことができなくなった。

ニパの子孫たちはその恩恵を心に刻み、困ったことがある時は、この毛桑の木に語りかけた。そして、奇妙なことに、悩みを打ち明けると、木の葉がその人の掌に舞い落ち、人間の言葉で慰めてくれた。時とともに、この毛桑の悩み相談は霊験あらたかなものと崇められ、いつの頃からか、人間が自ら桑の葉を使って、吉凶禍福を占う儀式へと姿が変わった。

子孫のために献身的に働いたニパは、⑧山の神として祀られ、祝いの日も弔《とむら》いの日も、人々は豚や山羊を生贄《いけにえ》に捧げ、毛桑の木の前で敬虔に拝《おが》んでいる。

⑧リス族の「山神」は創世神、祖先神とその他各種の神の総合体であり、村ごとに一柱の神がいるとされる。

蘇《よみがえ》りの薬

遠い昔、ある新婚の夫婦がいた。男の名は知らないが、女は阿四《あし》と呼ばれた。二人は草深い野に藁葺《わらぶ》きの家をつくり、畑仕事をしながら睦《むつ》まじく暮らしていた。生活は大変だったが、穏やかで楽しい毎日を送っていた。

ところがある年、、不幸なことに夫が病気で寝たきりになり、仕事もできなくなった。生活の負担が阿四一人の肩にのしかかってきた。その上、役人がしばしば税金や食糧を取り立てに来るので、二人の生活は貧乏のどん底に追い込まれた。

阿四は生計を支えるために奉公に出たが、膨らむ税金に稼ぎは焼け石に水でしかなかった。ついに税金が滞り、夫が役所へ連行されることになった。阿四は寝たきりの夫を背負って逃げ出した。夫を山奥の洞窟に匿《かくま》い、奉公でなんとか凌《しの》ぐ算段《さんだん》だった。

阿四はまず枯れ枝を掻き集めて、当座の竈《かまど》をつくった。それから、鍋に水を入れ、それを竈にかけた。わずかに残った食糧を夫の手の届くところに置いて、目に涙を浮かべながら、何も告げずに洞窟を後にした。

阿四が向かいの峠を登りきった時、背後から夫の歌声が聞こえてきた。

阿四よ、愛しいわが妻
高い峠を越えようとしている
雲が棚引き
山は見えない
一目振り返って見ておくれ
竹笛をつくって
お前の帰りを待とう

阿四は胸が張り裂けそうになり、歌を返すことも振り返ることもできなかった。生きていくために、阿四は夫に背を向けて去るしかなかった。夫は洞窟の出口へはい寄り、妻の姿が見えなくなるまで見守っていた。

数日が経ち、食糧が底をついた。飢えに耐えかねて、夫は食べるものを探して洞窟の外へはい出ようとしていた。洞窟の入り口まではい寄ったところで、一匹の大きな蛇が襲いかかってきた。彼はとっさに大きな石を拾い上げ、それを叩き殺した。

しばらくすると、もう一匹の蛇が現れ、仲間が死んでいるのを見ると、一本の木に巻き付くようにはい上がり、葉っぱをくわえて降りてきた。そして、その葉っぱで死んだ仲間の体を擦《こす》ると、仲間はたちまち生き返った。夫はその光景を見て呆気に取られた。

二匹の蛇が去った後、夫は蛇が落としていった葉っぱを拾い、自分の足腰を擦ってみると、少し楽になった気がした。そして、翌日になると、なんと立つことができるようになっていた。そこで、夫は数日続けてその木の果実を食べ、葉っぱで体を擦ってみた。すると、病気はすっかり治っただけでなく、前にもまして丈夫な体になった。

夫は、自分の元気な姿を見た時の妻の顔を思い浮かべながら、その木の葉と果実をそっくり摘み取り、山を下りた。そして、役人の目を避けるようにして、こっそりと元の家へ向かった。

家の近くまで来てみると、藁葺きの屋根から微《かす》かに炊煙《すいえん》が上がっていた。妻がいる！　彼は身の危険を忘れて、矢も楯もたまらなくなって我が家に入った。わずかに壁だけが残る、荒れ果てた家の中がどんよりした空の下にすっかり晒《さら》されていた。妻は寝床に横たわり、うんうんと苦しそうに呻《うめ》いていた。

妻は枕元に近寄る夫のことも分からなかった。奉公先で過労が重なり風邪をこじらせ、高熱を出して倒れたのだった。何日も寝込んだまま、生死の境を彷徨《さまよ》っていた。

夫はすぐに妻に例の果実を食べさせ、その葉っぱで体を擦ってあげた。しばらくすると、奇跡が再び起こった。阿四が起き上がった！　妻は目の前に立っている夫を不思議そうに眺め、喜んだ。

この後、夫は不治の病で苦しんでいる人や動物を助けるため、この蘇《よみがえ》りの妙薬《みょうやく》を携えて放浪の旅に出かけ、やがて尊敬される医者となって、妻の待つ家に戻ってきた。夫は旅先で集めた薬の木の葉と果実を大切に箪笥《たんす》に納めて、妻に再三注意した。

「朝は日が昇る時、夜は月が出た時、絶対に箪笥を開けてはならない！」

阿四は、初めのうちは夫の話をしっかり守っていたが、

「箪笥を開けたら、どうなるのだろう」

と日ごとに好奇心を募らせた。

ある朝、太陽の光が部屋に射し込んだ時、彼女はつい約束を破ってしまった。箪笥の扉を開けた途端に、薬の半分が太陽に取られてしまった。それがゆえに、太陽は不老不死の身となった。そして、同じように残り半分の薬は月に取られてしまった。

夫はせめて月から半分の薬を取り戻そうと考えた。

そこで①唐胡麻《とうごま》の茎を編んで、たくさんの梯子《はしご》をつくり、それを一台ずつ繋《つな》いで月に登る計画を立てた。彼はこの妙薬で助けた犬を連れて月へ登る間際に、妻に肝心なことを言い渡した。

「梯子の脚に、昼は冷たい水を、夜はお湯をかけろ。毎日、必ず行うのだ！」

夫は梯子を伝って月へ向かって登っていった。そして七日間登り続け、わずかに残り九段で月にたどり着こうというところで、夫はまず先に犬を月に放ち、その後に自ら月に登ろうと考えた。

ところがその日、阿四は忙しさに追われて、昼は水をかけるのを忘れ、夜は誤って冷た

①その種子からひまし油を採る。

い水をかけてしまった。そのため、梯子はあっという間に壊れて、夫は転落して命を落としてしまった。こうして、あの不思議な蘇りの薬は、人の世から完全に消え失せてしまった。

月に取り残された犬は主人を思う度に月に噛《か》みついたので、月蝕が起こる由縁となった。月蝕が生じると、リス族の人々は銅鑼《どら》と太鼓を打ち鳴らしながら、「犬が地上の主人を恋い慕《した》っている」と言うようになった。

夫が阿四に投げかけた歌は、リス族の若者は誰でも歌うことができる。月の美しい夜、若者たちが三々五々仲間と集まっては、この歌を唱いながら深夜まで踊る習わしが生まれたという。

①ワ族の民話

②スガンリ――ワ族の起源神話

天は出来上がったばかりの頃、イボだらけのヒキガエルの背中のように不細工だった。神様の③リが長い年月をかけて掌《てのひら》で磨《みが》きに磨いた結果、白魚《しらうお》のお腹のようにすべすべ、つるつるになった。リはさらに月と星を磨きあげ、天にそれを飾り付けた後、自《みずか》らは熱い太陽に変身して、遠く遠くへ飛んでいった。おかげで空は見違えるほど美しくなった。

大地は出来上がったばかりの頃、蝉《せみ》のお腹《なか》のように空《から》っぽで、不安定だった。そこで、天神のルンが長い年月をかけて土をこね、山や谷、川、海岸をつくり上げた。大地に起伏が生まれ、ようやく落ち着いた。そして、④ゴルイをつくり、天地をつくる事業を引き継《つ》いだ後、自らは月に飛び込んで月の心となった。だが、問題はまだ山ほど残っていた。荒

①ワ族の「ワ」は「山の中で暮らす者」を意味する言葉で、漢語で「佤」と音訳されている。

②ワ族の言葉で「リ」は「出る」の意味。「スガン」には「洞窟」と「瓢箪」の二つの意味があり、複合語全体で「創世記」を意味する。漢語の音訳は「司崗里」。

③ワ族の人々が最高の天神と崇める神。モウェともムイジとも呼ばれる。

④巨大なコオロギ。

れ放題に荒れた川や海は、リが天を磨いた時に削《けづ》り落とした屑《くず》で堰《せ》き止め、やっとおさまりがついた。

その矢先、天と地が近すぎて息苦しい、と四方から苦情が出てきた。確かに当時、天と地は鉄の鎖で結ばれ、あまり離れていなかった。そこで、リとルンは⑤ダノンに命じて、大きな斧で鎖を切断させ、天と地は切り離されて徐々に遠ざかっていった。しかし、天と地はもともと夫婦なので別れを悲しみ、何百年も何千年も涙が止まらなかった。それが怪我の功名となって、その涙が雨水となり露と雲になった。また、昼と夜の区別はなく、月と太陽は同じように光と熱を放っていたので、地上の生物から息苦しいという苦情が相次ぎ、リとルンは大きな木を月に植《う》えて涼しい陰をつくり、昼と夜の区別をつけた。

ダノンは不思議な力を持つ神で、唾《つば》を吐《は》きかけると人間や動物の汗を海原に変えた。その分、一食に十八キロもの赤飯を軽く平《たい》らげ、⑥アワ山の半分はあるかというほどの巨体をしていた。ダノンは天と地をつなぐ鉄鎖を断《た》ち切って以来、天が倒壊し地上の万物を押し潰してしまうのではないかと心配で、両手で天を支えて⑦西盟《シーマン》から昔簿《シーボウ》、⑧安瓦《アンワ》まで移動した。ところが、安瓦を通りかかったところで地を踏み破り、地底に落ちてしまった。地下の暗闇の中で動物の生死を心配して、時折、地面を揺さぶって上の様子をうかがった。その都度、動物たちは太鼓を叩いたり鉄砲を撃って、地震だ、地震だ、と騒いだ。

それから、ダノンは⑨マノンをはじめ、雲と霧と水の神様のヌーとチューをつくった。ところが、ある日とんでもないことが起こった。チューの過ちで金鹿を捕り逃したことで、ダノンは思い切りチューを蹴《け》り飛ばし、チューのお腹《なか》を破裂させてしまったのである。

⑤ワ族の伝説で地上の人間と動物をつくった神様とされる。ダは「お爺さん」、ノンは固有名詞。「ダ爺さん」の意味。
⑥雲南省南西国境地帯に位置する山。主にワ族が居住している。
⑦現在の西盟ワ族自治県。
⑧地名、現在はミャンマー領。
⑨人類始祖の母親。

すると、そのお腹から水がどっと吹き出し、あっという間にすべてをのみ込んでしまった。それは史上初の大洪水となった。ヌーは命からがらに公明山《ゴンミンサン》に逃げ込み、雲と霧に変わった。しかし、ダノンはこれしきのことと動じず、必死に逃げ回るマノンを憐《あわ》れに思い、大きな瓢箪《ひょうたん》を一つ投げてやった。マノンはそれにしがみつき、ダノンのそばに泳ぎついて助かったが、地上の生き物は何一つ難を逃れることができなかった。そして、ダノンがにこりと微笑んでマノンの身に唾を吐きかけると、マノンは娘のアンムグェを産んだ。こうして人間が誕生した。

その後、ダノンは何人かの人間をつくり、それらを洞窟《どうくつ》に閉じ込めた。

ある日のこと、⑩画眉鳥《がびちょう》がその洞窟の前を通りかかると、洞窟の中で人間が騒《さわ》いでいるのに気がつき、慌てて仲間の動物、植物に知らせに行った。

「人間が出たがっている。岩の中で彼らが叫んでいる！」

画眉鳥の言葉で動物や植物の間に緊張が走った。そして、人間を外に出してあげるかどうかをめぐって、激しい議論が始まった。

「反対だ。奴らが出てきたら、我々はその手にかかって殺されるに決まっている。そうなる前に、我々は奴らを殺すだろう」

木や豹《ひょう》が開口一番強く反対したが、多数決でとりあえず洞窟から人間を出してあげることに合意した。しかし、出口も隙間《すきま》もない洞窟を開けることは至難の業だった。象をはじめ、サイや猪《いのしし》、キョン、熊、鷹、梟《ふくろう》、啄木鳥《きつつき》などなど、動物たちが総がかりで八方手を

⑩七色の声を持つといわれ、目の回りに縁取りがあることから呼ばれる。

尽くしてとりかかったが、徒労《とろう》に終わった。しかたなく、[11]モウェに助けを求めたところ、雀《すずめ》の力を借りるように言われた。雀は蠅《はえ》を助《すけ》っ人《と》に連れて、洞窟の前にやってきたが、小さな体に黄色がかった嘴《くらばし》をした雀に、動物たちは少しがっかりしたが、雀はまったく気にとめず、作業を始めた。

まず枇杷《びわ》の実を腹いっぱい食べ、嘴を研《と》ぎ澄まし、それを細い蔓《つる》できつく縛《しば》った。それから、岩にとりすがってつつき始めた。雀が一口つついては、蠅がその跡《あと》に唾を吐きかける。この作業を繰り返しやっているうちに、岩が少しずつ裂け、長く閉じ込められていた人間が一人ずつ洞窟から出てきた。

ところが、反対派の豹が牙《きば》を剥《む》き出して、洞窟の出口で待ち構えていた。人間を見るなり噛み付き、たちまち三人を食い殺してしまった。鼠《ねずみ》が豹の所業《しょぎょう》に腹を立て、その尻尾《しっぽ》に噛《か》みついた。豹は痛さのあまり、鼠を振り払って逃げた。この後、五人の人間が生きて洞窟を脱出することができた。出てきた順にワ族、ラフ族、タイ族、漢族と小ワ族となった。

人間たちは橋のかけ方を教えてくれた蜘蛛《くも》を含め、命の恩人となった雀、蠅、鼠に恩返しをなければならないと考えたが、皆に断られた。「感謝には及ばない。田畑に落ちた米粒《こめつぶ》を拾《ひろ》って食べることを許してくれればよい」と雀が言うと、蠅、鼠も「残飯や落ちこぼれたものを食べさせてくれれば十分だ」と言った。そして、蜘蛛は「雨風に晒《さら》されないように軒下で巣をつくらせてくれ」と頼んだ。

こうして、ワ族の人々は、人助けをしても報酬は求めず、せいぜい食べ物を少しばかり分けてもらう程度になったという。

[11]ワ族の伝説でリ、ルン、ダノン、プレイ、マノンを含む万の神様の総称。リが最高神とされる。

イェンジコとイェンサト

イェンジコは天涯孤独の孤児《みなしご》でいつもぼろ布をまとっていた。一方、近くの村にイェンジコと瓜二つの、金持ちの息子のイェンサトという男がいた。イェンサトはいつも絹の衣服に金の首輪、銀の腕輪を身にまとい、キラキラと飾り立てて、これ見よがしに街を闊歩《かっぽ》していた。ある日、イェンジコはイェンサトから「①串姑娘《チュアングニャン》」に誘われた。引き立て役として呼ばれているのは明白だったので、断ろうとしたが、イェンサトの執拗な誘いに負けた。

翌日、イェンジコはいつものぼろ布を身にまとい、竹の②ビンロウ箱を手にして現れたが、イェンサトは銀の鞘におさまった③長刀《ちょうとう》を腰につけ、赤い飾り房を垂らした④ジェンパをたすき掛にして、ピカピカの銀のビンロウ箱を持って、もったいぶってやってきた。

イェンサトはイェンジコに恥をかかせてやろうと、ある金持ちのお嬢さんのところへ連れて行った。それは輝くばかりに美しい娘で、求婚を申し込む者が後を絶たなかったが、誰一人その目にかなう者はいなかった。

二人は娘の家に入ると、ビンロウ箱を卓上に置くと、イェンジコはイェンサトの背後に

①ワ族の伝統的な風習。ワ族の若者は十五、六歳になると、少年が誘い合って、少女が集まる家を訪ねて、ともに歌い踊り将来の伴侶を求める、一種の集団見合い活動。

②ワ族はビンロウの葉を噛む習慣がり、それを保管する生活用品の一つ。錫・銀製で鳥獣花木などの図案が巧みに施され、芸術品としての評価が高い。

③長刀はワ族の男性の象徴とされている。

④「バッグ」を意味するタイ族の言葉で、漢語では「筒帕」と音訳されている。タイ族、イ族、ハニ族、ワ族、リス族、ジンポー族などが愛用し、愛を誓う証しとして恋人に贈ることもある。

に退き、目を伏した。娘は二人をちらりと見た後、竹のビンロウ箱に軽く触れて、にっこりと微笑んで言った。

「今日のところはどうぞお引き取りください。後日またお越しくださいませ」

帰り道、イェンサトは一人気を採《も》んでいた。

「娘はどうやらこの貧乏野郎に気があるようだ、何か手を打たないとまずいぞ！」

そこで、彼はイェンジコに言った。

「あのお嬢さんはどうやら君のことが気に入ったらしい。その汚《きたな》い身なりでは失礼だろう。わたしの服をあげるから、今度はこれを着るといい」

イェンサトは有無を言わさず、服とビンロウ箱をイェンジコと交換をさせた。


数日後、身なりを入れ替えた二人が再び娘の前に現れた。

娘は何も言わずにイェンサトから竹のビンロウ箱を受け取り、それを枕の下にしまった。イェンサトは「これは脈がある」と飛び上がらんばかりに喜んだ。

ところが、彼が愛想笑いを満面に浮かべて娘に近づいた時、娘はイェンジコから銀のビンロウ箱を取り上げ、イェンサトの手に押し込んだ。そして、イェンジコと愉し気に会話を始めた。イェンサトは大きな屈辱感を覚えた。

「この貧乏野郎め、ただじゃ済まないぞ」

と彼は必死に怒りを堪えて平静を装った。が、その胸中ではすでに、イェンジコを陥《おとしい》れる策略を練り上げていた。

村に戻るとイェンサトは、

「かつてないほどの大きな市がたつから、様子を見に行こう」

と言って、貧乏なイェンジコを困らせ、さらに、

「あの娘が本当に君を好きなら、いくらか都合してくれるだろう」

と入れ知恵を吹き込んだ。

そこで、イェンジコは言われるままに、娘に金十二両を借りて、イェンサトとともに市へ行った。初めての大市は品物が選《よ》り取《ど》り見取《みど》り。イェンジコは何を買えばよいのか迷ったが、イェンサトに勧《すす》められるままに、有り金をはたいて蛇と猿と三羽の鴉《からす》を買った。

そして帰り道、大きな池の畔《ほとり》で一服しようとした時、イェンサトは蛇が舌を出しているのを見ると、水浴びをさせてやろう、と言って蛇を池に放した。すると、蛇は水に潜《もぐ》り、たちまち姿を消した。イェンジコはさざ波が広がる水面を眺めて、むなしく呟《つぶや》いた。

「蛇さんよ、お前のために大枚《たいまい》、四両も使ってしまった。おれにどうしろってんだぁ」

すると、白い波が沸き立ち、一匹の龍が現れて答えた。

「心配することはない。わしは龍王の息子だ。困ったことがあれば必ず助けるから、池の畔で足を三回ならしなさい」

イェンジコがぶつぶつ言っている隙に、イェンサトはこっそりと三羽の鴉も逃がした。

イェンジコは一苦労の後、近くの木に止まった鴉を見つけて叫んだ。

「鴉さんよ、お前のために金四両も使ってしまった。おれはどうしたらいい」

「心配することはないさ。何か困った時には必ず助けるから、篝火《かがりび》を三つつけて知らせなさい」

それを聞いたイェンジコは胸を撫でおろし、池の畔に戻った。

ところが、待っているはずのイェンサトも猿も姿が消えていた。イェンジコはどうしてよいのか分からずに頭を抱え込んだ。

とその時、猿が森から戻ってきて、主人を慰《なぐさ》めるように言った。

「金四両を払って買ってくれたのだから、あなたについて行くよ」

イェンジコはその言葉に感激したのも束の間、すぐまた暗い顔になった。

「ある女性が好意で貸してくれた金なんだ。その金で買ったものは今やお前しか残っていない。彼女に合わせる顔がない」

「彼女に惚《ほ》れてるんだろう。結婚させてあげるから心配するな。男に二言なしだ。何なら今すぐご両親に会って、縁談を申し入れてあげようか」

猿はイェンジコの疑念を振り払うようにたたみ掛けて言い終えると、直ちに娘の親に会いに行き、持ち前の弁舌をふるって主人のことを売り込んだ。

娘の両親は猿の言葉に興味津々の様子であった。

「優しい美青年で王子様ですって？　それに、うちの娘に想いを寄せているというのは本当か？　早く会わせてください」

猿は微笑みながら話を続けた。

「お嬢様のお好《この》みに合った身なりでお伺いしたい、と王子様はおしゃっていますので、たいへんお手数ですが、お嬢様のお気に召す衣装を貸していただけないでしょうか」

こうして猿は借りた衣装をイェンジコに着せ、一応の体裁を整えてやった。

イェンジコが再び娘の前に現れた時、娘の両親は「王子様が串姑娘に来るのだから」と言って顔を出すのを控えた。

娘は一時、華《はな》やかに着飾ったイェンジコをイェンサトと勘違いしてそっぽを向いていたが、イェンジコからことの一部始終を聞き終えると気持ちを取り直し、早速、イェンジコを両親に会わせ、結婚の許しを得た。


イェンジコの結婚の話は、あっという間にイェンサトの耳に入った。

イェンサトは地団駄を踏んで悔しがり、直ぐさま手下を集めて叫んだ。

「あの貧乏野郎を殺してやろうぞ。あの娘はおれのものだ」

イェンジコは慌《あわ》てて猿と妻に対策を相談すると、蛇と鴉に助けを求めるのがよいと助言を受けた。

イェンジコはあの時の蛇と鴉の言葉を思い出し、道端で三つの篝火をつけた。すると約東のとおりに三羽の鴉が現れ、めらめらと燃え盛る薪《まき》をくわえて飛び去った。

空が真っ赤に染まり、イェンサトが人馬を従えて出発しようとしていた。

その時、空から大きな火の玉が相次いでイェンサトの屋敷の屋根に落ちてきた。三羽の鴉がまさに時を合せて飛来したのだった。屋敷はたちまち炎にのみ込まれ、イェンサトは命を落とした。

そして、イェンジコは池の畔に行き、三回足をならすと、一匹の龍が荒波をたてて現れた。それは怒濤となってイェンサトの屋敷を根こそぎひっくり返し、地下に埋まっていた金銀財宝をことごとく掘り出した。

その後、イェンジコ夫婦はその財宝を孤児や貧しい人たちに分けてあげたそうだ。

あとがき

人間は意味を求める生き物である。日常的な経験の範疇を超えるところまでに思いを馳せ、意味付けを行う。このようなイマジネーションから生み出された神話は、はるか古より人々に生きる力を与えてきた。本書編訳に携わり、その力の壮大さに改めて驚嘆を禁じ得なかった。雲南省に住む二十六民族は①氏羌《ていきょう》系、百越《ひゃくえつ》系、百濮《ひゃくぼく》系、盤瓠《ばんこ》系に広く根源を持っている故、彩豊かな神話を生み出している。本書ではイ族以外に、雲南省にのみ現住する十五民族の神話に限定したが、卵生型神話（ハニ族『イエンベンホベン』）、②ハイヌウェレ型神話（ヌー族『天の怒りをかったツハイワハイ』）のほか、兄妹始祖洪水神話（トールン族『洪水氾濫』）、英雄神話（プミ族『トンゲサ武勇伝』）、トーテム神話、人獣婚神話、婚姻・恋愛などの社会制度や倫理に関するものなどもあり、モチーフが多岐にわたっている。その上、感性豊かな表現と物語の展開の中で、各民族独特な宇宙観とロマンが無限に繰り広げられている。何より興味深いのは、ギリシャ神話や日本の神話などに共通する要素を備え持っているところである。モチーフもさることながら、洪水・太陽崇拝・地震・大蛇退治・英雄の無性誕生など、いわゆる神話素にも類似性が見られる。それは、生存環境の類似性から生じた現象なのか、文化の伝播性によるものなのか、考古学や技術の進歩によって、検証できる日が訪れるかもしれないが、現在を生きる我々にとって、現代科学と異なる解釈体系の神話は如何なる意味を持つものか、改めて考える必要があると思う。

自然に対する機械文明の傲慢、自己中心的な思考法、畏れる事なしの状況……、現代社会に蔓延る病巣の根源は科学による神話の失墜と密接につながっているかもしれない。これらのことを含め、ご思考に資することができれば、と密かに野望を抱いております。

最後に、本書の編集出版にあたり、多大なご支持を賜った冨山房インターナショナル代表取締役坂本喜杏様、編集主幹新井正光様に感謝申し上げます。そして、執筆から翻訳・校正に至るまで、始終適切な助言を賜り、丁寧にご指導いただいた平田栄一先生に心より深謝します。

二〇一九年五月吉日

雲南大学にて

張　麗花

①氏羌系（チベット・ビルマ語族）　西北甘青高原を本拠とする民族の南下移住する説。
百越系（チワン・トン語派）　東南沿海地帯を中心とする民族の西進移住説。
百濮系（モン・クメール語族）　元来中国西南部に広く分布する民族。
盤瓠系（ミヤオ・ヤオ語族）　長江中下流域を現住地とする民族の南下移住説。

②死体化生神話とも言う。神の死体から植物や作物、食べ物などが生まれるとする。

張麗花（ちょう・れいか）

1968年生まれ。2004年岡山大学大学院博士中退。現在雲南大学日本語学科教授、雲南大学滇池学院顧問教授。主な著書に『日本語上級外来語例解手帳』（上海交通大学出版社、2011）、『現代日本語常用俗語の分類と例解』（同上、2014）、論文には『日本女性史研究概観』（婦女研究論叢第86号、2008）、『小林一茶俳句の意象特徴と原風景』（外国文学研究、2018）、『日本語受動文における視点の制約性』（外国言語文化と翻訳研究、2018）等がある。

高　明（こう・めい）

1980年生まれ。2016年雲南大学大学院修士卒業。現在雲南大学滇池学院日本語学科主任。著書には『現代日本語常用俗語の分類と例解』（共著・上海交通大学出版社、2014）、論文には『日本無縁社会形成の原因と対策』（開封教育学院学報、2016）、『雲南少数民族の蛙崇拝に関する研究』（科学と富、2018）等がある。

中国雲南省少数民族民話選

木霊の精になったアシマ

二〇一九（令和元）年六月十八日　第一刷発行

編　訳　張麗花・高明

発行者　坂本喜杏

発行所　株式会社冨山房インターナショナル

〒101-0051　東京都千代田区神田神保町一－三

TEL. 03 (3291) 2578　FAX 03 (3219) 4866

URL : www.fuzambo-intl.com

装　幀　平田栄一

印　刷　株式会社冨山房インターナショナル

製　本　加藤製本株式会社

ISBN978-4-86600-066-4 C0039